# 妈妈语录
## 论人生

封淑翠 栾祖虎 ◎ 著

北京日报出版社

图书在版编目（CIP）数据

妈妈语录论人生 / 封淑翠，栾祖虎著. －－北京：北京日报出版社，2020.12
　ISBN 978－7－5477－3849－8

Ⅰ.①妈… Ⅱ.①封…②栾… Ⅲ.①家庭教育 Ⅳ.①G78

中国版本图书馆 CIP 数据核字（2020）第 189502 号

### 妈妈语录论人生

| | |
|---|---|
| 出版发行： | 北京日报出版社 |
| 地　　址： | 北京市东城区东单三条 8－16 号东方广场东配楼四层 |
| 邮　　编： | 100005 |
| 电　　话： | 发行部：（010）65255876 |
| | 总编室：（010）65252135 |
| 印　　刷： | 北京军迪印刷有限责任公司 |
| 经　　销： | 各地新华书店 |
| 版　　次： | 2021 年 1 月第 1 版 |
| | 2021 年 1 月第 1 次印刷 |
| 开　　本： | 710 毫米×1000 毫米　1/16 |
| 印　　张： | 17 |
| 字　　数： | 160 千字 |
| 定　　价： | 58.00 元 |

（版权所有，侵权必究，未经许可，不得转载）

## 引言
## 阅读妈妈语录，感悟人生正路

本书的 100 余条"妈妈语录"，大部分是我妈妈写在爸爸传记和给子女们信中的话。其来源主要是父母的人生实践，也来源于姥姥的日常教导和民间的俗语老话。这些语录，因为其朴素的思想性和坚定的道德感，曾使我家这些子女们受益匪浅。

简单介绍一下我家背景。我爸爸是一个身残志坚的抗美援朝转业军人，我家有 5 个子女，他们两大家族还有几十口人的贫苦生活，需要我父母照顾。我父母夜以继日、劳累过度、坚忍不拔、孝顺仁义的人生，证明了这样一件事：中国人的家族精神是伟大的！中国人的家风家教是正确的，是应该传承下去的。

历史是现实的镜子，儿女是父母的影子。每个人都有父母与祖辈，每个中国家族都有一些传统、健康、独特的"家族精神语录"，从先辈的实践总结，到儿女的感悟升华，阅读并践行这些语录，是一条中国人继承家族优秀价值观的必由之路。书后附录的老人传记，作为某些语录的出处，正可与现实生活对应着相互研读。

毫无疑问，祖祖辈辈的中国人是伟大的，中国父母的榜样力量是无穷的！让我们沿着他们的精神足迹，沿着老一辈中国人爱憎分明、勤劳奉献的精神足迹，奋勇前进吧！

阅读妈妈语录，感悟人生正路。现在开始吧！

栾祖虎
2020年7月1日

# 目录 Contents

001/ 　一、论生命
　　　　　人的精神支柱就是人

021/ 　二、论生活
　　　　　宁可撇了，不可缺了

039/ 　三、论治家
　　　　　自力更生，日行千里；伸手等待，寸步难行

051/ 　四、论学习
　　　　　真理越是难懂，就越是要一把抓住，不放开

065/ 　五、论智慧
　　　　　人不能属老鼠，只看脚面子

077/ 　六、论风气
　　　　　东西变质不可怕，人变质才可怕

089/　　七、论亲情
　　　　　　不要心疼钱，要心疼身体

111/　　八、论道德
　　　　　　一辈子能得一个好人名，太不容易了

133/　　九、论教育
　　　　　　小树从小修，修晚不直溜

159/　　十、论意志
　　　　　　人生要经得起风风雨雨

181/　　十一、论吃饭
　　　　　　吃饭见人品

189/　　十二、论说话
　　　　　　说话长智慧


199/　　附录一：丈夫传记
241/　　附录二：父母传记

# 一

## 论生命

### 人的精神支柱就是人

人的精神支柱就是人，不是物。手机能成为人的精神支柱吗？汽车能成为人的精神支柱吗？宠物能成为人的精神支柱吗？当然不能，我们不是拜物主义者，我们的精神支柱是人，不是物。

金钱能成为人的精神支柱吗？黄金能成为人的精神支柱吗？房子能成为人的精神支柱吗？当然不能，我们不是拜金主义者，我们的精神支柱是人，不是物。

## 1. 妈妈语录：

### 人穷志不短，身残志不残。

## 语录阐发

家虽贫穷，但志向远大；身虽残疾，但意志坚强。人啊，什么情况下都不能缺的，就是远大的志向和坚强的意志。

"人穷志不短"，贫穷能限制住志向吗？有人说能，正所谓"人穷志短，马瘦毛长"，这真是灰心丧气的破话！人的命运如果完全受制于物质，那还要精神、志向、思想、谋略、学识、胆量干什么？

人不能服命，尤其不能服贫穷的命。要知道，贫穷不是命中注定而无法改变的，因为物质财富是人类创造出来的，古今中外无数的穷人通过奋斗、通过联合、通过革命，而改变了自己的境况，完成了从贫穷到富裕的逆袭，这是不胜枚举、毋庸置疑的。

高尔基说："贫穷能使人沉沦，也能使人升华。"我们说，这个升华就是要立下改变贫穷的志向，要一直坚持改变贫穷的志向。莫扎特说："贫穷造成了饥饿，也造就了英雄。"我们说，这个英雄就是"人穷志不短"的钢铁硬汉。

"身残志不残",身体有残疾,就一定会意志薄弱、自暴自弃吗?回答无疑是否定的。应该承认,残疾确实是一个降临在不幸者头上的厄运。那么,这个不幸和厄运是不是全是坏事,而非好事呢?法国作家巴尔扎克说:"厄运是一个深不可测的宝藏。""不幸,是天才的晋身之阶、信徒的洗礼之水、能人的无价之宝、弱者的无底之渊。"

残疾也确实是一个不幸的心理阴影和现实压力,只不过它能使受压迫者精神上触底反弹,生活中奋发有为!

古罗马诗人奥维德说:"厄运往往能使天才奋发。"德国音乐家贝多芬说:"不论怎样不幸都会带来某种幸运。"英国戏剧家莎士比亚说:"什么都比不上厄运更能磨炼人的德行。"厄运是铁,意志是钢,残疾者就是要做"身残志不残"的钢铁硬汉。

## 阐发精要

家虽贫穷,但志向远大;身虽残疾,但意志坚强。

2. 妈妈语录：

*人活一张脸，树活一张皮。*

## 语录阐发

人活着靠的是一张脸，树活着靠的是一张皮。没有脸皮了，就没有了生命。这就是说，人要把人格和尊严，看得比生命还重要。

人格比生命还重要。"人格比任何东西都可贵。"（傅雷）生命至多百年，人格却可以传颂千年万年，所以有"良将不怯死以苟免，烈士不毁节以求生"（《三国志》）的忠贞大义，所以有"宁可玉碎，不可瓦全"的刚烈豪情，所以有"不能为五斗米折腰"（陶渊明）"安能摧眉折腰事权贵，使我不得开心颜"（李白）的傲骨与洒脱。

人格比生命还重要。一部中华文明史，在很大程度上就是一部中国人的人格史，而在人格概念的诸多构成因素中，气节、品格尤为突出、尤为重要。《论语》说："岁寒，然后知松柏之后凋也。"（到了每年天气最冷的时候，才知道松柏是长青不凋落的）

# 一、论生命
## 人的精神支柱就是人

《吕氏春秋》说:"石可破也,而不可夺坚;丹可磨也,而不可夺赤。"(石头可破碎,但依旧是坚硬的;丹砂可磨损,但依旧是红色的)《盐铁论》说:"不以穷变节,不以贱易志。"(不因为穷困和低贱,而改变节操、动摇志向)古代文学家王定保说:"无义而生,不若有义而死;邪曲而得,不若正直而失。"(不讲道义而活,不如为道义而殉身;用不正当手段获利,不如保持正直哪怕有所损失)明朝名臣于谦说:"名节重泰山,利欲轻鸿毛。"(视名节如泰山一样重,视利欲如鸿毛一样轻)这些名言,正是古人气节、品格的美好写照。

尊严比生命还重要。生命没有了尊严,就像树被剥了皮一样可怕;没有了尊严,生活就像热锅上的蚂蚁一样烦躁、低级、庸俗。印度作家普列姆昌德说:"对人来说,最最重要的东西是尊严。"俄国作家屠格涅夫说:"人假设没有自尊心,那就会一文不值。"德国哲学家尼采说:"灵魂高尚的人必自尊。"法国思想家卢梭说:"每一个正直的人,都应该维护自己的尊严。"

尊严比生命还重要。一个人如果失去了自尊心,就失去了品德的基础,品德的大厦就会分崩离析、轰然倒塌,人就会丧失底线、堕落不止。邹韬奋说:"自尊心是进步之母,自贱心是坠落之源,故自尊心不可无,自贱心不可有。"徐特立说:"任何人都应该有自尊心、自信心、独立性,不然就是奴才。但自尊不是轻人,自信不是自满,独立不是孤立。"

## 阐发精要

人要把人格和尊严,看得比生命还重要。

# 一、论生命

人的精神支柱就是人

3. 妈妈语录：

> 每个人都是一本苦书，喜事少，苦事多，而且非常短。

## 语录阐发

生命是短暂而痛苦的，越是这样，就越是要清醒，就越是要奋斗，就越是要燃烧！每个人都是一本苦书，欢乐的事情少，痛苦的事情多，这是一个多么真实而深刻的判断啊！欢乐的事情总是容易被忘却，痛苦的事情总是容易被记在心间，而生命就是由一个痛苦的作者所写的一本痛苦的自传体的书。这是生命给予每个人的共同点，在这个共同点的背景下，重点探究一下每本书有什么重大的不同。

书是有厚薄、大小、轻重的，生命的价值因此也有显著的不同；书是有结局的，死亡尤其彰显着生命境界的高低——"人生只有一生一死，要生得有意义，死得有价值。"（无产阶级革命烈士、马克思主义理论家邓中夏）"人固有一死，死有重于泰山，或轻于鸿毛。"（司马迁）

死并不可怕,但哀莫大于心死,可怕的是思想顽钝、冷漠自私、麻木不仁,可怕的是像死一样活着!"生命的意义在于付出,在于给予;而不在于接受,也不在于索取。""为着追求光和热,人宁愿舍弃自己的生命。生命是可爱的。但寒冷的、寂寞的生,却不如轰轰烈烈的死。"(巴金)

每个人都是一本苦书,这本书写作的时间很短,翻阅的时间也很短。这就是说,生命是短暂而痛苦的,越是这样,就越是要清醒,就越是要奋斗,就越是要燃烧!"自己活着,就是为了使别人过得更美好。""人的生命是有限的,可是,为人民服务是无限的。我要把有限的生命,投入到无限的为人民服务之中去。"(雷锋)"那么就让我做一块木柴罢。我愿意把我从太阳那里受到的热放射出来,我愿意把自己烧得粉身碎骨给人间添一点点温暖。"(巴金)"一个真正的人,应该为人民用尽自己的才智、专长和精力,再离开人间。不然,他总会感到遗憾,浪费了有限的生命。"(曹禺)

生命是短暂而痛苦的,燃烧的生命却以熊熊的火炬、壮烈的牺牲,照亮了无边的黑暗,点燃了高尚的生活,延续了不朽的声名——"人生的目的在于发展自己的生命,可是也有为发展必须牺牲生命的时候,因为平凡的发展,有时不如壮烈的牺牲足以延长生命的音响和光华。绝美的风景、悲凉的韵调、高尚的生活,常在壮烈的牺牲中。"(中国共产主义的先驱、无产阶级革命烈士李大钊)

## 一、论生命
人的精神支柱就是人

## 阐发精要

生命是短暂而痛苦的,越是这样,就越是要清醒,就越是要奋斗,就越是要燃烧!

> **4. 妈妈语录：**
>
> 人的一辈子太短了，翻不了几十个日历牌。

## 语录阐发

"人生不满百，常怀千岁忧。"（乐府古辞《西门行》）这是对人生短暂的千古一叹。流星飞逝，却以其耀眼的光芒点燃了黑暗的夜空。这是我们对短暂人生应该如何度过的坚定回答。

"人的一辈子太短了，翻不了几十个日历牌。"老年人往往对此感慨尤深。一个日历牌很快就翻过去了，几十个日历牌也用不了多久就会翻完，人生之短暂可见一斑。

还有更短的说法——中国古代哲学家庄子说："人生天地之间，若白驹过隙，忽然而已。"（人生天地之间寿命极短，就像白马驰过一道缝隙一样，转瞬即逝罢了）古罗马历史学家普鲁塔克说："人生只有两分半钟的时间：一分钟用于笑，一分钟用于叹，半分钟用于爱，因为人在第三分钟里死去。"

正是因为人生如此短暂，才有了众多的文人墨客为此发出了无数的慨叹:"人生代代无穷已,江月年年只相似。"(唐朝诗人张若虚)"人生有情泪沾衣,江水江花岂终极?"(诗圣杜甫)"哀吾生之须臾,羡长江之无穷。"(北宋文学家苏轼)

正是因为人生如此短暂,才有了那些人生理念先行者们对于人生价值的正确判断:"人生的价值并不是用时间,而是用深度去衡量。"(俄国作家托尔斯泰)"一个人如果碌碌无为,只为自己渺小的生存而虚度一生,那么,即使他高寿活到100岁,又有什么价值和意义呢?"(《青春之歌》作者,中国当代著名女作家杨沫)

人生短暂究竟应该如何度过呢?流星飞逝,却以其耀眼的光芒点燃了黑暗的夜空。我们要做燃烧者、行动者、利他主义者,这就是我们的坚定回答:"人的一生可能燃烧,也可能腐朽,我不能腐朽,我愿意燃烧起来!"(苏联革命作家奥斯特洛夫斯基)"人生应该像蜡烛一样,从顶燃到底,一直都是光明的。"(无产阶级革命烈士萧楚女)"人生不是一支短短的蜡烛,而是一支由我们暂时拿着的火炬,我们一定要把它烧得十分光明灿烂,然后交给下一代人们。"(爱尔兰剧作家萧伯纳)这就是光明的人生,这就是强大的人生,这就是无私无畏的人生。这也是有意义的人生。

有意义的人生好像使生命加长,没有意义的人生如同提前死亡。没错,有人说生命本身是自己的事,我们说生命的意义却在社会之中、个人之外;有人说生命的意义在于获取了什么,我们说生命的意义正在于他究竟尽其所能做了些什么——"人生之目的,为尽义务而来。"(当代教育家蔡元培)"人生价值的大小是以人们对社会贡献的大小而制定。"(无产阶级革命烈士向警予)"人生在世,并非遂己所愿,而是尽己所能。"(古希腊米南德)

### 阐发精要

流星飞逝,却以其耀眼的光芒点燃了黑暗的夜空。这是我们对短暂人生应该如何度过的坚定回答。

> **5. 妈妈语录：**
>
> 人生如转蓬，福祸顷刻间。

## 语录阐发

天有不测风云，人有旦夕祸福。在无常的人生面前，觉悟者的心是敏感的，但绝不是怯懦的。

"人生如转蓬，福祸顷刻间。"人生就像蓬草一样飞转，幸福、灾祸瞬息万变。在无常的打击下，美好的人生露出狰狞的另一面，比如突然的车祸、婚姻的决裂、创业的破产、理想的毁灭等等，这些在很大程度上是不可抗拒的灾祸，使我们悲伤、震惊、愤怒甚至绝望了。

更有甚者，"福无双至犹难舍，祸不单行却是真。"（福无双降，祸不单行）真是天有不测风云，人有旦夕祸福啊！而造成这样的灾难局面，古人以为，还是因果规律作用其间："福兮可以善取，祸兮可以恶召。"（幸福可以用行善去获得，灾祸可以由作恶而招致）"福在积善，祸在积恶。"（不断行善就是积福，不断作恶就是积祸）"福来有由，祸来有渐。"（好运的到来有一定原因，灾

祸的降临也是逐渐而来的)

在无常的人生面前,觉悟者的心是敏感的,但绝不是怯懦的:"让我不要祈求免遭危难,只让我能大胆地面对它们。"(印度诗哲泰戈尔)"一颗高尚的心应当承受灾祸而不是躲避灾祸,因为承受灾祸显示了意志的崇高,而躲避灾祸显示了内心的怯懦。"(德国诗人阿雷蒂诺)

在无常的人生面前,觉悟者的心是透彻的,但绝不是脆弱的:"祸至不惧,福至不喜。"(君子灾祸来临时不害怕,幸福来临时也不惊喜)"祸至后惧,是诚不智。君子之惧,惧乎未始。"(灾祸来临后感到恐惧,这实在是不明智的。君子的畏惧,应该是在灾祸还没有开始的时候)

在无常的人生面前,觉悟者的心是处之泰然而绝不退缩的:"患难可以试验一个人的品格,非常的境遇方才可以显出非常的气节;风平浪静的海面,所有船只都可以并驱竞胜;命运的铁拳击中要害的时候,只有大勇大智的人才能够处之泰然。"(莎士比亚)

## 阐发精要

天有不测风云,人有旦夕祸福。在无常的人生面前,觉悟者的心是敏感的,但绝不是怯懦的。

# 一、论生命

> 6. 妈妈语录：
>
> 人生用人的时候，就是有病的时候。再就是老了，要死的时候。老话说"打粮打囤里，养儿送坟里。"

## 语录阐发

无论工作多忙，也要挤出时间来照顾病榻上的父母；无论压力多大，给父母养老送终都是为人子女者决不能回避的义务。

"人生用人的时候，就是有病的时候。再就是老了，要死的时候。老话说'打粮打囤里，养儿送坟里。'"养儿防老、养老送终，是中国人几千年来的传统观念。当父母进入风烛残年，能否一直竭尽心力地照顾病榻上的父母，是考验子女真孝还是假孝的关键。

孝，是中国人家庭思想的灵魂，是中国人做人的根本，正如《孝经》所说："夫孝者，天之经也，地之义也，人之本也。"（孝敬父母是天经地义的，这是做人的根本）而真孝是朴素真诚的，不是装样子，做表面文章："孝在于质实，不在于饰貌。"（孝敬父母的关键在于质朴实在的行为，而不在于表面花哨的形式）

不可否认，今天有一些人已经做了"不孝的标兵"，他们对于病榻上的父母，经济上不出力，饮食起居上不照顾，精神心理上不慰藉，忘记了自己作为中国人后代必须尽孝的本分。与此相反，我们再次强调，无论工作多忙，也要挤出时间来照顾病榻上的父母；无论压力多大，给父母养老送终都是为人子女者决不能回避的义务。

有人说，养儿防老、养老送终的传统观念已经过时了，这些事情需要交给社会去做。我们说，这种说法是站不住脚的。乌鸦尚知反哺，身为中国人的后代，有几个不是由自己的父母竭尽心力抚养照顾长大的呢？"谁言寸草心，报得三春晖。"（唐代诗人孟郊）父母之爱是伟大的，父母的恩情是报答不完的，如果有人坚持说养儿防老、养老送终的传统观念已经过时了，那么，这就是推脱责任、别有用心。

有人说，我们认同养儿防老、养老送终的传统观念，但是我们能力有限，恐怕达不到目标。我们说，这种说法也是站不住脚的。在日常生活中，我们经常可以遇到以下这些让人心寒的实例：子女声称无力支付父母每个月几千块钱的医疗费，但是自己的孩子却上每个月一万块钱的"高档"幼儿园；明明知道病榻上的父母盼星星、盼月亮一样的盼望子女的到来，某些子女却经常推脱不来，甚至来了也只是在父母跟前玩手机、玩游戏；打个电话、打个视频，聊聊天，需要花费很多精力与金钱吗？经常给父母精神心理上一点慰藉就这么困难吗？

现在是法治社会，法律规定，孝敬老人包括物质赡养、生活照顾和精神慰藉三个方面。扪心自问，我们自己难道不需要在某些方面做一些大的改进吗？

## 阐发精要

无论工作多忙，也要挤出时间来照顾病榻上的父母；无论压力多大，给父母养老送终都是为人子女者决不能回避的义务。

### 7. 妈妈语录：

## 人的精神支柱就是人！

## 语录阐发

在中国人的家庭中，父母常常把孩子当作自己的精神支柱。作为子女的我们，一定不要让父母失望，一定要真正成为父母的精神支柱！

人的精神支柱是人，不是物。手机能成为人的精神支柱吗？汽车能成为人的精神支柱吗？宠物能成为人的精神支柱吗？当然不能，我们不是拜物主义者，我们的精神支柱是人，不是物。

金钱能成为人的精神支柱吗？黄金能成为人的精神支柱吗？房子能成为人的精神支柱吗？当然不能，我们不是拜金主义者，我们的精神支柱是人，不是物。

老话说："老儿子，大孙子，是老人的命根子。"抛开这话里的重男轻女思想不论，子女后代就是老人的精神支柱。在中国人的家庭中，父母常常把孩子当作自己的精神支柱。作为子女的我们，一定不要让父母失望，一定要真正成为父母的精神支柱！

# 一、论生命
## 人的精神支柱就是人

我们一定要真正成为父母的精神支柱，我们要成为新时代的孝敬标兵。不仅要在物质赡养、生活照顾和精神慰藉三个方面做到竭心尽力，而且要根据自家老人的个性化特点，具体问题具体分析，有针对性地做出孝敬方案。网传一篇《何为孝》的短文是有一定启发性的："贫穷的父母，钱到为孝"；"病弱的父母，出力为孝"；"孤单的父母，相伴为孝"；"脾气暴躁的父母，理解为孝"；"病患的父母，多份照顾为孝"；"唠叨的父母，聆听为孝"。

当然，有所侧重的孝敬方案是建立在子女对于父母无微不至的孝敬行为的基础之上的，没有全面的、彻底的、无微不至的孝敬，就没有有所侧重、突出重点的孝敬。

我们一定要真正成为父母的精神支柱，我们要成为新时代的青年标兵。不仅要做到完全的自立自强，而且坚决拒绝一切形式的"啃老"行为——"物质上啃老"，比如向父母要钱；"生活上啃老"，比如把孩子扔给父母照料；"精神上啃老"，比如精神上永远长不大，心理上不过是一个脆弱无能的巨婴。

人的精神支柱就是人，就是自己的孩子，没有孩子，精神支柱何在呢？家族血脉还怎么延续呢？国家与民族还怎么能有一个光明的未来？

**阐发精要**

人的精神支柱是人，不是物。手机能成为人的精神支柱吗？汽车能成为人的精神支柱吗？宠物能成为人的精神支柱吗？当然不能，我们不是拜物主义者，我们的精神支柱是人，不是物。

## 二 论生活

### 宁可攒了，不可缺了

　　宁可积攒东西甚至最后不要了，也不能让它缺了、少了、不够用了。在家里能长时间地光着脚，也要留着出门的鞋。这就是说，节俭是持家之大道，好钢要用在刀刃上。

**1. 妈妈语录：**

> 人生不如意的事十有八九，顺心的事实在太少。即使有顺心的事，常常又有不顺心的事同时发生。

## 语录阐发

顺逆同行，福祸相依——人生就是一个亦苦亦乐、苦大于乐的过程，所以要下定决心，直面一个苦乐不分、苦中求乐的命运。

有人说，人生是一条河，流着欢乐，也流着痛苦。有人说，人生是一杯酒，不经反复的提炼，就不会这么可口。我们说，人生就是一个亦苦亦乐、苦大于乐的过程，不如意、不顺心的事十有八九。顺逆同行，福祸相依；苦乐不分，苦中求乐，这就是我们必须直面的命运，不能回避，不能退缩。

生活不是一个美丽的童话，而是一部厚重的悲喜剧，我们既是主要的演员，也是主要的观众，没有例外，没有选择。但是我们依然期待着鲜花与掌声，我们一定要活得勇敢，活得悲壮，活得精彩。

## 二、论生活
### 宁可撇了，不可缺了

活着是重要的，但"真正重要的不是活着，而是活得好"。"生活从不简单容易，即使你活在愉悦顺遂的境遇中，也会遇到你要克服的困难。"（古希腊哲学家柏拉图）生活就是这样严肃认真地向我们提出问题的："生活就是这样严峻，如果你不去战胜困难，苦难就会吞没你。"

严肃的生活，艰难困苦地生存，这才是我们必须直面的命运之真相："生活中并非全是玫瑰花，还有刺人的荆棘。""没有牺牲、不作努力，不经艰难困苦便不能在世上生存；生活不是一个只生长鲜花的花园。"（俄国作家冈察洛夫）

当然，严肃的生活也不都是坏事，它是一股强大的动力，它催促我们走向卓越与辉煌，告别平庸以及一切软绵绵的安逸："生活太安逸了，工作就被生活所累。"（鲁迅）"太如意的生活便是平凡的生活，太容易获得的东西便不是贵重的东西。"（茅盾）"平庸的生活使人感到一生不幸，波澜万丈的人生才能使人感到生存的意义。"（日本哲学家池田大作）

生活也是十分认真的，它老老实实地指示阐述着时时奋斗、日新不已的真理："人类的生活，必须时时刻刻拿最大的努力，向最高的理想扩张传衍、流传无穷，把那陈旧的组织、腐滞的机器一一地扫荡摧清，别开一种新局面。"（李大钊）

**阐发精要**

顺逆同行,福祸相依——人生就是一个亦苦亦乐、苦大于乐的过程,所以要下定决心,直面一个苦乐不分、苦中求乐的命运。

## 二、论生活
宁可撇了，不可缺了

> 2. 妈妈语录：
>
> *生活再穷，但是精神上是踏实幸福的。*

## 语录阐发

物质上的幸福和精神上的幸福往往是不同步的，而且一般说来，物质上的幸福是虚浮短暂的，精神上的幸福是踏实恒久的。

物质上的幸福是虚浮短暂的，一个欲望满足了，随之而来的是失落、空虚和下一个欲望的崛起。常言道："欲壑难填。"逐欲无穷，得陇望蜀："物苦不知足，得陇又望蜀。"（李白）人不能成为欲望的奴隶，而应成为欲望的主人；人不能为欲所缚，丧失了自由与尊严："人只有从物欲的泥淖中挣脱出来，才能维护尊严，获得自由。"

人生的觉悟者，生活的勇士，他能克制欲望而不是为欲望所擒，他能征服自我而不是被自我的欲望所征服："我以为，克制自己欲望的人比战胜敌人的人更勇敢，因为征服自我是最艰难的。"（古希腊思想家亚里士多德）

物质上的幸福是虚浮短暂的，生活再穷，物质再贫乏，地位再微贱,他都不能丧失了自己的追求——追求知识与技能,追求精神与道德,追求正义与公平。

精神上的幸福是踏实恒久的,这不是用物质、用金钱就能衡量的。老人的长寿,孩子的成长,婚姻的稳固,爱情的甜蜜,事业的进步,个人的荣誉,等等,这样的幸福是踏实恒久的。

明代思想家、《菜根谭》作者洪应明说:"贪得者身富而心贫,知足者身贫而心富;居高者形逸而神劳,处下者形劳而心逸。"前两句的意思是说,贪图物质财富的人,身虽多财但精神贫乏;知足常乐的人,身虽贫穷但精神丰富。精神富有是比物质富有更加难能可贵的。

行文至此,可能有人要问了:"物质上的幸福与精神上的幸福就不能二者兼得吗?"回答当然是肯定的。

只不过你必须是一个人生的觉悟者,深刻地懂得:"你若寻求财富,不如寻求满足,满足才是最好的财富。"(萨迪)"知足是人生在世最大的幸福。"(美国发明家爱迪生)你也必须是一个生活的勇士,面对物质的重挫,你"知足常乐,能忍自安";面对精神的重击,你愈挫愈勇,毫不退缩!

## 阐发精要

物质上的幸福和精神上的幸福往往是不同步的,而且一般说来,物质上的幸福是虚浮短暂的,精神上的幸福是踏实恒久的。

## 二、论生活
宁可撅了，不可缺了

3. 妈妈语录：

　　父母的辛苦生活，现在我都不敢想，一想就难受。

## 语录阐发

感谢父母伟大的付出！没有父母的辛苦生活，就没有我们现在幸福的生活。现在生活条件虽然有所改善了，但更大的压力、更沉重的工作等待着我们，我们艰苦奋斗的精神一定不能退化！

没有人是从石头里蹦出来的，任何人的出生都有一定的家族血脉背景。我们是历史唯物主义者，要坚决反对任何漠视、遗忘甚至丑化家族历史的虚无主义倾向，对于家族的艰苦奋斗史，决不能数典忘祖、妄自菲薄。相反，我们要感谢父母，感谢他们的伟大付出，没有他们的极度辛苦，就没有我们今天幸福生活的基础。

如果没有几亿农民长年奋战所建成的遍布神州的 8 万座水库，当代中国的农业成就是难以想象的；如果没有数千万工人的拼搏奉献，当代中国的工业进步是难以想象的；如果没有抗美援朝精神、两弹一星精神呼唤下的几十万革命知识分子和几百万解放军将士的热血付出，当代中国的国防、科技进步也是难以想象的。实际上，我们的父母就是这些人中的一员，他们的历史就是可歌可泣的艰苦奋斗史，他们的工作就是为国为家而艰苦奋斗的工作。

我们要继承这样优秀的家族历史传统，无论生活条件有多少改善，我们艰苦奋斗的精神一定不能退化！艰苦奋斗的传统一定不能丢！

现在，中国的青年人面临住房、医疗、教育的难题，中年人大都处于上有老、下有小的爬坡状态，无数老年人也在照料晚辈、打理家务，这就是当今中国绝大部分人生活的真实写照。

中国人是有着深厚的家国情怀的民族，中华文明是数千年来家国一体的文明，我们的工作是为国为家而艰苦奋斗的工作。我们的家族精神，已经和祖国的精神心心相印、融会贯通；我们的痛苦与欢乐，已经融合在祖国的痛苦与欢乐之中。

这样，我们的压力是更加巨大了，但我们的动力也因此而更加充足、更加强劲！和英雄的父辈们一样，日夜奋战吧！拼搏奉献吧！热血付出吧！和英雄的父辈们一样，我们的历史必将是可歌可泣的艰苦奋斗史，我们的人生必将是可歌可泣的艰苦奋斗者的人生。

## 二、论生活
宁可撕了，不可缺了

## 阐发精要

我们要继承这样优秀的家族历史传统，无论生活条件有多少改善，我们艰苦奋斗的精神一定不能退化！艰苦奋斗的传统一定不能丢！

### 4. 妈妈语录：

### 仰脸老婆低头汉，善是不善？

## 语录阐发

仰着脸的女人低着头的男人，是厉害还是不厉害呢？是厉害的，在男尊女卑的封建社会里尤其如此。女人仰脸而行，表示不怕羞，独立、勇敢；男人低头而行，表示深沉，爱思考，有思想。

女人要做独立、勇敢的女人，不要做依附、胆怯的女人。现在早已经不再是男尊女卑的社会了，男女平等，妇女解放，妇女能顶半边天，早已经成为中国社会不可抗拒的潮流。仰脸而行，独立、勇敢的女人越来越多了，依附、胆怯的女人越来越少了，这是时代的发展与社会的进步。

女人要做到独立是不难的，首先经济的独立成为其人格独立的主要基础，毕竟"女人要靠男人养着"的落后思想，越来越过时了。女人要做到勇敢也是不难的，现在是开放社会，教育的平等、科技的进步与政策的导向，使女人具有了几乎和男人一样的能量，这一点在白领、金领职场竞赛中看得尤其清楚——女人已经不必胆怯,因为创造未来生活的钥匙就掌握在你们自己的手中。

男人要做深沉的、有思想的男人,不要做浅薄的、没有思想的男人。在知识经济与创意经济时代,这就尤其要求男人要养成勤于思考、独立思考的好习惯。爱因斯坦说:"学习知识要善于思考、思考、再思考,我就是靠这个学习方法成为科学家的。""要学会思考,不要一碰到困难就向别人招手。""发展独立思考和独立判断的一般能力,应当始终放在首位,而不应当把获得专业知识放在首位。"

一个能勤于思考、独立思考的男人,才是一个真正有力量、有智慧的男人——"凡事应该用脑筋好好想一想。俗话说:'眉头一皱,计上心来。'就是说多想出智慧。"(毛泽东)与此相反,一个浅薄的、没有思想的男人,是难以赢得人们的真正尊重的。试想,谁会认同一个没有深度、没有力度、人云亦云、跟在人后的男人呢?

## 阐发精要

女人仰脸而行,表示不怕羞,独立、勇敢;男人低头而行,表示深沉,爱思考,有思想。

**5. 妈妈语录:**

"老驴闲三年,连糠都驮不动"——总不干活,人就废了!

## 语录阐发

小闲怡情,大闲伤身。总不干活,人就废了!人不能离开劳动,尤其不能离开自己喜爱的、创造一定社会价值的劳动。

劳动是人类社会生存与发展的基础,是维持个人生活的唯一正确的手段。人的生活是不可间断的,所以人不能离开劳动,长时间不劳动,人的各种机能就会出现退化,人就废了。

劳动可分为体力劳动和脑力劳动,简单劳动和复杂劳动。不论何种劳动,只要它是你自己喜爱的、创造一定社会价值的劳动,就是必要的、好的劳动,你自己的价值也会相应实现。反之,当你所从事的劳动不是你喜爱的、不创造或者创造很低的社会价值,那么这就是不必要的、坏的劳动,你自己的价值也在其中不断地贬值了,你跳槽的日子就应该到来了。

现在的时代是物质极大丰富,也是让少数人困惑彷徨的时代。

少数人凭借其巨额财富，可以不再工作，不再劳动了，吃喝玩乐成为其生活唯一的目标。这是可悲、可怜的，也是不可持续的。小闲怡情，大闲伤身。长时期不劳动，会使其机能退化，百病滋生。

不仅如此，这样缺乏情趣、胸无大志、不思进取的富豪人士，也不可能成为人们敬佩的对象，他们的社会价值与地位也不高的。当然，这样的人也不可能为其子女树立一个正确的人生形象，他们的家庭教育也将不可避免地失败了。"君子之泽，五世而斩"（君子留给后代的福禄，经过几代人就消耗殆尽了），"富不过三辈"是古老的真理，一代懒散将使其家族事业遭遇必然的挫败，从此衰落下去。

## 阐发精要

小闲怡情，大闲伤身。总不干活，人就废了！

6. 妈妈语录：

　　吃不穷，穿不穷，算计不到就受穷。

## 语录阐发

家庭开销必须量入为出，有合理的计划。有合理的计划，则吃不穷，穿不穷；没有合理的计划，消费无度，就会跌入窘困的深渊。

举个例子说明一下。一对年轻的白领夫妻，每个月收入两万元。在双方父母支持下付了房子首付，每个月还房贷一万元。为了提高生活品质，也为了个人面子，他们还贷款买了一辆比较好的汽车，每个月还车贷又需要几千元。这样，剩下的余钱就不多了，仅够低限度的吃穿等开销。如果信奉消费主义、物质主义的他们，再贷款去国外旅游，买点奢侈品回国，他们的生活就一定会跌入窘困的深渊，这是毫无疑问的。

为什么会出现这种情况呢？主要原因是他们的家庭开销没有量入为出，没有合理的计划。如果他们不买车，不去国外旅游，不

## 二、论生活
### 宁可撇了，不可缺了

买奢侈品，那么，这些入不敷出的窘况就不会发生。实际上，设计家庭合理的开销计划不是困难的，端正家人的消费观念才是真正困难的。

这就需要青年人能够重新接受勤俭持家的中国式价值观——对于已经脱贫但尚属于小康状态的家庭来说，仍然需要坚持勤俭持家的基本方针。小康家庭的资产还是十分有限的，抗经济打击（比如家人突发大病）能力并不强，所以应当珍惜财力物力，决不可只顾一时，滥用浪费。缺少长期打算，不注意节省家庭开支，沉迷物欲，大吃大喝，超前消费，迷恋去国外旅游、娱乐、购物而吃了大亏的家庭，也有很多。这样的教训应当引起小康之家的注意。

对此，古训尤多。司马光的名言是："侈则多欲"（生活奢侈就会增加贪欲），"由俭入奢易，由奢入俭难"（从节俭到奢侈是容易的，从奢侈到节俭是困难的）。不仅如此，古人甚至把节俭从生活要求上升到了道德要求的高度——诸葛亮《诫子书》说："静以修身、俭以养德"（虚静以修善自身，俭朴以培养品德）；朱柏庐《治家格言》说："一粥一饭当思来之不易，半丝半缕恒念物力维艰"（一点粥一点饭也不应浪费，应想到它们来得很不容易；半根丝半根线也不应糟蹋，要常常想到我们所用的物资得来是很艰难的）。

**阐发精要**

家庭开销必须量入为出,有合理的计划。有合理的计划,则吃不穷,穿不穷;没有合理的计划,消费无度,就会跌入窘困的深渊。

## 二、论生活
### 宁可撇了，不可缺了

> 7. 妈妈语录：
>
> 宁可撇了，不可缺了。能赤千日脚，留着出门鞋。

## 语录阐发

宁可积攒东西甚至最后不要了，也不能让它缺了、少了、不够用了。即便在家里长时间地光着脚，也要留着出门的鞋。这就是说，节俭是持家之大道，好钢要用在刀刃上。

节俭是持家之大道，好钢要用在刀刃上。贫穷之家尤其需要坚持勤俭持家的基本方针。对于尚处于贫穷状态的家庭来说，要想富强起来，还需要几年甚至几十年艰苦奋斗的时间，勤俭持家、厉行节约、反对浪费，就尤其重要。这不仅是节省家庭开支、积累家庭财富的客观需要，也是使家人保持人格尊严、激发奋斗意志的必要手段。

《魏书》说："俭开福源，奢起贫兆。"（节俭能打开幸福的源泉，奢侈是导致贫困的先兆）明代思想家薛瑄说："节俭朴素，人之美德；奢侈华丽，人之大恶。"（说做人要节俭朴素，力戒奢侈华丽）王勃在《滕王阁序》中写道："穷且弥坚，不坠青云之志。"

（越是困难，越是坚强，永远不要放弃自己的凌云之志）谚语说："有勤又有俭，生活甜又甜。"老话说："'有了连毛入，没了把嘴闭。'过日子不能这样，要细水长流。"

对于那些财产雄厚、非常富裕的家庭来说，是不是就不需要坚持勤俭持家的基本方针呢？富裕之家一样需要坚持勤俭持家的基本方针，只不过衡量的标准尺度和执行的方式方法有所不同罢了。

富裕之家是非常容易滋生怠惰奢靡的物质主义的："贫不学俭，俭自来；富不学奢，而奢自至。"（贫穷不学节俭，节俭自然而来；富贵不学奢侈，奢侈自然而至）先知先觉的中国古人早就认识到了，物质主义是一种十分危险的家庭倾向——《新唐书》说："奢靡之始，危亡之渐"（奢靡行为开始之时，就是危亡渐渐来临之际）；曾国藩说："家败离不得一个'奢'字，人败离不得一个'逸'字"（家庭败落离不得一个奢侈的'奢'字，个人败落离不得一个放逸的'逸'字）；墨子说："俭节则昌，淫佚则亡。"（勤俭节约，国家昌盛；嗜欲放纵，国家衰亡。家庭与国家同理）物质财富，并不能长久保持；富贵而生骄纵之心，更是自留祸殃："金玉满堂，莫之能守；富贵而骄，自遗其咎。"（金玉满堂，无法守藏；富贵骄横，自招祸患）

## 阐发精要

节俭是持家之大道，好钢要用在刀刃上。

# 三 论治家

自力更生,日行千里;
伸手等待,寸步难行

家庭事业的方针要放在什么基点上?放在自己力量的基点上,叫作自力更生。自力更生是中国人最基本的人生信念之一。它强调发挥自觉性与自主性,减少去除脆弱性与依赖性。

## 1. 妈妈语录：

*不刮春风，哪有秋雨？*

## 语录阐发

没有付出，就没有回报。你不去付出，对别人不好，别人怎么会对你好呢？感情都是相互的。凡事都需一定的前提条件，凡事都有一定的因果来源。做人要有几分热血，交友要存一点红心。

做人要有几分热血，"患难见真交，烈火见真金"——平平常常看不出人心究竟怎么样，只有在患难时才能知道谁是真朋友，谁是假朋友。只有在患难时对你伸手帮忙的，才是真正的朋友；只有当你的朋友患难时你也伸手相助，你才是他真正的朋友。这就是说，你们之间的感情是相互的，有付出也有回报，尤其是在患难时有了回报。

交友要存一点红心，"将心比心，强如佛心"——把别人的心当作自己的心，设身处地为他人着想，这也是与佛同心了。须知，佛心是公正之心，不是偏狭之心；佛心是慈悲之心，不是冷漠之心；佛心是利他之心，不是利己之心。这就是说，如果你以佛心对友，超越了一己私心，那么，你的境界是高尚的，已经超越了因果回报。

以上说的主要是朋友之间的问题。实际上，"不刮春风，哪有秋雨？"这句话在家人之间的关系问题上也是完全成立的。《颜氏家训》说："父不慈则子不孝，兄不友则弟不恭，夫不义则妇不顺也。"其意是说，父亲不慈爱，儿子就不孝顺；兄长不友好，弟弟就不恭敬；丈夫不忠义，妻子就不顺从。如此，前因后果，一目了然。

## 阐发精要

没有付出，就没有回报。你不去付出，对别人不好，别人怎么会对你好呢？感情都是相互的。

> **2. 妈妈语录:**
>
> 过日子,穷不扎根,富不扎底,三穷三富过到老。

## 语录阐发

三年河东,三年河西,三穷三富过到老,谁能知道谁一辈子都过什么日子啊!家庭穷富忽变,生活起起落落,人生总要向前。有道是:穷富无常,人心有常;穷莫失志,富莫癫狂。

穷富无常,人心有常。正如老话所说:"天无一月雨,人无一世穷。"天不会连着下一个月的雨,人不可能穷一辈子。贫穷不是不可战胜的,要有坚定不移、全力以赴的改变贫穷的信念。经过艰苦努力,命运就一定会迎来转机。这就是无常之贫富,有常之人心。

穷莫失志,富莫癫狂。穷人不能失去志气,志气没了,人格就倒了;富人不能因为钱多就骄傲狂妄,骄傲狂妄,只能让人反感。穷莫失志,穷莫失节,穷莫失义;富莫癫狂,富莫冷漠,富莫残暴。正如古人所说:"贫不可欺,富不可恃"(贫穷不可欺辱,富

## 三、论治家

*自力更生，日行千里；伸手等待，寸步难行*

贵不可恃强凌弱），"穷而无谄，富而无骄"（贫穷但不阿谀，富贵但不骄奢），"富贵不傲物，贫贱不易行"。（富贵不骄横，贫贱不改品行）

这样看来，对待财富，我们应该采取看得开、拿得住、放得下的正确态度。这里有两句谚语适为其证：第一句是"生不带来，死不带去"，第二句是"树大招风，钱多惹事"。

"生不带来，死不带去"，人生下来的时候赤手空拳，死的时候也是两手空空。既然来去空空的，人这一辈子就不要往钱眼里钻，不要总是计较那点钱。一个人，如果真有志于伟大的事业，则富贵不足道；如果只有志于自己的富贵，则其人生不足道。

"树大招风，钱多惹事"，树大了就容易招大风被吹折了，钱多了没正事也容易招惹麻烦。钱多了，可能奢侈淫逸，玩物丧志；钱多了，可能冷酷狂妄，丧失德行；钱多了，可能树大招风，被人惦记。

总之，"过日子，穷不扎根、富不扎底，三穷三富过到老。"我们要以变化的、辩证的、积极的观点看待穷富问题，这无疑是正确的。

## 阐发精要

穷富无常，人心有常；穷莫失志，富莫癫狂。

> **3. 妈妈语录:**
>
> 家族的事业,都是鱼帮水、水帮鱼,大家团结努力的结果。

## 语录阐发

家族成员是鱼水情深的关系,家族事业是团结努力的结果。如果没有了家族成员之间鱼帮水、水帮鱼一样的互动互助,家族事业就会停滞、衰败、退步,就无法继续走向成功。

中国人本来就生活在一个血浓于水、盘根错节的家族关系中,共同的家族事业更加能够使很多的家族成员,超越狭隘的家庭本位思想和个人本位思想,成为推进家族事业的积极力量。一个家族的各个成员、各个家庭要团结起来,才能拥有更强的竞争能力,才能战胜更大的困难,家族才能取得更大的利益和进步。

在这样的大背景下,不难理解,家族成员是鱼水情深的关系,家族事业是团结努力的结果。进而言之,在家族事业中,在家族成员和各个家庭的相互关系中,有着个人利益、家庭利益和家族利益相统一的原则。共同的利益、共同的任务和共同的理想,把他们紧紧地联结在一起。

不容回避、令人忧虑的是，在西方个人主义价值观的腐蚀渗透下，个别中国知识分子已经跨过了传统的家族思想之红线，走到自私自利的个人主义邪路上去了。这样的个人主义者不可能成为家族事业的中坚与先锋。与之相应，随着个人的蜕化变质，就没有了家族成员之间鱼帮水、水帮鱼一样的互动互助，家族事业就会停滞、衰败、退步，就无法继续走向成功。

如果没有上过大学，可以说他是没知识导致不懂事。现在有些大学毕业生，就知道自己享受，根本就不懂奉献和义务。他们如果对家族付出一分，要回一块还嫌少。父母对于家族的贡献往往是更大的，他们越是不谈这些，家族的味道就越是深厚，就越是纯正。

## 阐发精要

家族成员是鱼水情深的关系，家族事业是团结努力的结果。

**4. 妈妈语录：**

　　*自力更生，日行千里；伸手等待，寸步难行。*

## 语录阐发

　　家庭事业的方针要放在什么基点上？放在自己力量的基点上，叫作自力更生。自力更生是中国人最基本的人生信念之一。它强调发挥自觉性与自主性，减轻脆弱性与依赖性。

　　在家族事业统一运作的背景下，我们并不孤立，家族内一切热心的成员都是我们的"同志"。我们强调自力更生，虽然也希望有外援，但是我们不能依赖它，我们能够依靠自己家庭的力量，依靠自己的努力与全体家人的创造力，打败一切家庭内外的挑战。

　　家庭事业是有其不同阶段的，夺取家庭事业的阶段性胜利，这只是万里长征走完了第一步。自力更生的家庭事业是伟大的，但短暂的胜利以后的路程更长，工作更伟大，更艰苦。这一点现在就必须向家人们讲明白，务必使家人们继续地保持勤俭节约、艰苦奋斗的好作风——家人中一切不经过自力更生、勤俭节约、

## 三、论治家

**自力更生，日行千里；伸手等待，寸步难行**

艰苦奋斗，而依赖援助、依靠意外便利、侥幸取胜的心理，必须扫除干净。

家庭事业是要进步的，家庭事业的前途更是光明的，这一点我们要常常向家人宣传，使家人建立起胜利的信心；同时，我们还要告诉家人，胜利的道路是曲折的。在家庭事业前进的道路上还有许多障碍物，还有许多困难。我们要实事求是地承认困难，具体深入地分析困难，自力更生地向困难作坚决的斗争。

总之，"自力更生，日行千里；伸手等待，寸步难行。"这句话，突出强调了自力更生的伟大信念，指出家庭事业的方针要放在自己力量的基点上，叫作自力更生。

## 阐发精要

家庭事业的方针要放在什么基点上？放在自己力量的基点上，叫作自力更生。

> **5. 妈妈语录:**
>
> 一人难对百人意,百人难对一人意。在家里,应该多些宽容。

## 语录阐发

一个人做事,很难符合众人的心意;众人做事,也很难符合一个人的心意。永远都是观点不同,看法不同。这就要求我们,要少一些挑剔,多一些宽容,家庭生活尤应如此。在家庭生活中,有两组关系是比较容易出现多挑剔而少宽容的,那就是骨肉关系和夫妻关系。

骨肉关系是指父母与子女之间的关系,一般说来,有些做父母的人,由于对自身定位就有些高,对孩子的期许也就往往高于常人。他们对少儿阶段的孩子尤其容易出现多挑剔而少宽容的现象。正因如此,他们不顾孩子的实际专长和最高承受能力,给孩子报英语班、奥数班、舞蹈班、钢琴班、绘画班,等等,几乎占用了孩子的全部课外时间。这种急功近利、揠苗助长的培育方式,往往扼杀了孩子的学习兴趣,甚至使其产生逆反心理,学习效果

## 三、论治家

自力更生，日行千里；伸手等待，寸步难行

也就可想而知了。究其根源，正在于父母的多挑剔而少宽容的"管教心理"。

在夫妻关系中，多一些理解，少一些挑剔；多一些宽容，少一些攻击，是不难理解的，但是在实际生活中又是很难做到的。"千里姻缘一线牵"，"夫妻无隔宿之仇"，"夫妇和而后家道成"，这些古人名言，无怪乎在说明夫妻缘分的珍贵，亲密的事实与关系的重要。台湾作家柏杨有一段话，非常适合多挑剔而少宽容的夫妻看一看："婚姻生活者，半睁眼半闭眼地生活。天下没有十全十美的男女，如果眼睛睁得太久，或用照妖镜照得太久，恐怕连上帝身上都能挑出毛病。"

总之，对人宽容也是一种美德，严于律己，宽以待人，厚以载物，正是中华民族的优秀传统。无论是骨肉关系还是夫妻关系，都是最重要的家庭关系，处理好这些关系不能缺乏的一个原则就是宽容。

## 阐发精要

无论是骨肉关系还是夫妻关系，都是最重要的家庭关系，处理好这些关系不能缺乏的一个原则就是宽容。

# 四 论学习

真理越是难懂,就越是要一把抓住,不放开

真理是难以发现的,一旦发现就要珍视无比。真理是难以掌握的,掌握真理需要执着勇敢、锲而不舍的态度。真理是在与谬误的比较中而存在、发展的,追寻真理就不要害怕犯错误。

> **1. 妈妈语录：**
>
> 没事儿的时候，多看点书，人生努力学习是必须的。

## 语录阐发

读书是获取思想和知识的主要途径，不读书就堵住了自己的成才之路。读书的时间是挤出来的，没有时间看书往往只是一种借口。人生努力学习是必须的，有事儿没事儿都需要看书。

为什么说人生努力学习是必须的呢？第一，因为人生充满挑战，情况复杂多变——"情况是在不断地变化，要使自己的思想适应新的情况，就得学习"。（毛泽东）第二，因为社会进步不止，我辈岂能落后——"我们的社会是天天进步的，我们也应该天天进步。这就需要学习，不学习就会落后，就不能跟社会一道前进。"第三，因为邪说易得，真理难求——"在寻求真理的长征中，唯有学习，不断地学习，勤奋地学习，有创造性地学习，才能越重山，跨峻岭。"（华罗庚）第四，因为学习本来就是我们肩负的使命——我们要"求知识于宇宙，搜学问于世界。"（鲁迅）第

## 四、论学习

**真理越是难懂,就越是要一把抓住,不放开**

五,因为谁不想虚度一生,谁就要终生学习,学习一辈子,奋斗一辈子。

读书是学习的主要途径,那么读书有什么好的方式方法吗?回答是肯定的,我们仍然需要从前人的论述中找到闪光的钥匙:第一,不能死读书,要做到读懂书的真义——"读死书会变成书呆子,甚至于成为书橱。"(鲁迅)"经验丰富的人读书用两只眼睛,一只眼睛看到纸面上的话,另一只眼睛看到纸的背面。"(歌德)第二,书品如人品,读书要有理想、有追求,这样书品自然就高——"欲读天下之奇书,须明天下之大道。"(蒲松龄)"为中华之崛起而读书。"(周恩来)第三,要养成会读书的好习惯——"我们一面要养成读书心细的习惯,一面要养成读书眼快的习惯。心不细则毫无所得,等于白读;眼不快则时间不够用,不能博搜资料。"(梁启超)第四,读书要联系实际,尤其要联系自己——"读书不可只专就纸上求义理,须反来就自家身上推究。"(读书不可以只是专从纸上讲求大义道理,必须反过来在自己身上推导研究)第五,读书要有所选择,有所精专——"我们要爱书,要读书,但不可漫无选择。"(法朗士)"读书欲精不欲博,用心欲专不欲杂。"(读书要精干不要广博,用心要专一不要杂乱)

## 阐发精要

读书的时间是挤出来的,没有时间看书往往只是一种借口。人生努力学习是必须的,有事儿没事儿都需要看书。

# 四、论学习

真理越是难懂，就越是要一把抓住，不放开

**2. 妈妈语录：**

*我一生最大的遗憾就是没有念书，有条件念书多好啊！*

## 语录阐发

父母给我们创造了这么好的条件念书，不念好书怎么对得起父母呢？妈妈说一生最大的遗憾就是没有念书，那是因为没有条件念书；现在有的子女说最大的苦恼就是念书，不念书多好啊！这样的孩子需要价值观的重塑，需要认识到读书的种种好处。

第一，读书总是有好处的，书就像药一样，善于读书可以减少愚昧："开卷有益。"（打开书看看，总有好处）"书犹药也，善读之可以医愚。"（书就像药一样，善于读书可以医治愚昧）

第二，读书入仕是正途所在，读书代表着高尚的精神生活："万般皆下品，唯有读书高。"（其他所有行业都是低贱的，只有读书入仕才是正途）"积财千万，无过读书。"（积累很多财产，不如读书有用）

第三，书以穷理，书以究源，为学之道，即在读书："读书将以穷理，将以致用也。"（读书是为了探究道理，将要尽其所用）"为学之道，莫先于穷理；穷理之要，必在于读书。"（做学问，没有比探求规律更重要的；探求规律的关键，还在于读书）

第四，发愤读书，增长才学，得心应手，学以致用："读万卷书，行万里路。""读书破万卷，下笔如有神。"（博览群书，把书读透，下笔就会如有神助，得心应手）

第五，读书是一种深沉的滋味，一种至高的乐趣："外物之味，久则可厌；读书之味，愈久愈深。"（其他东西的味道，时间久了就令人讨厌；只有读书的味道，越久越深厚）"养心莫若寡欲，至乐无如读书。"（修养身心没有比抑制贪欲更有效的，最高的快乐就是读书）

第六，读书能够健全人格，给人以乐趣、光彩与才干："读书给人以乐趣，给人以光彩，给人以才干。"（培根）"读书使人心明眼亮。"（伏尔泰）"读书愈多，精神就愈健壮而勇敢。"（高尔基）

第七，读书是上进的表现，是天下第一等好事："鸟欲高飞先振翅，人求上进先读书。"（李苦禅）"世间数百年旧家无非积德，天下第一件好事还是读书。"（姚文田）

第八，读书必有回报，犹如爬山望远与耕耘播种："读书好似爬山，爬得越高，望得越远；读书好似耕耘，汗水流得多，收获更丰满。"（臧克家）

第九，书不可一日不读，一日不读就不能生活："饭可以一日

## 四、论学习

*真理越是难懂,就越是要一把抓住,不放开*

不吃,觉可以一日不睡,书不可一日不读。"(毛泽东)"我一生的嗜好,除了革命之外,只有好读书,我一天不读书,便不能生活。"(孙中山)

第十,不读书的人是浅薄的,他的思想会停止,他整个人也会被社会所抛弃:"不读书的人,思想就会停止。"(狄德罗)"不读书的人,不光人要变得浅薄,也将被社会的前进步伐所抛弃。"(池田大作)

## 阐发精要

父母给我们创造了这么好的条件念书,不念好书怎么对得起父母的一腔心血呢?

3. 妈妈语录：

　　理论是理论，现实是现实。要想让理论和现实接上轨，就得付出相当大的功夫才行。

## 语录阐发

　　理论和实践相结合，从来就不是一件容易的事。越是不容易，就越是要努力去做，做起来就越是有成果。我们是新时代的读书人，要坚持理论联系实际，决不能做陈腐的书呆子。

　　坚持理论联系实际，推进理论和实践相结合，既要反对脱离实际的死板僵化的教条主义，也要反对没有理论指导的瞎冲瞎撞的经验主义——正如教育家徐特立所说："没有实际的理论是空虚的，同时没有理论的实际是盲目的。"瑞士教育家裴斯泰洛齐也说过："知识和实践就像做手艺一样，两者必须结合。"

　　坚持理论联系实际，推进理论和实践相结合，要突出实践第一的辩证唯物主义观点，强调理论是为实践服务的，实践是检验真理的唯一标准——正如毛泽东主席所说："如果有了正确的理论，只是把它空谈一阵，束之高阁，并不实行，那么，这种理论再好也是没有意义的。""真理的标准只能是社会实践。""通过实践而发现真理，又通过实践而证实真理和发展真理。"国际共产主义运动的开创者马克思也说过："一步实际行动，比一打纲领更重要。"

坚持理论联系实际，推进理论和实践相结合，不是轻而易举、一蹴而就的，得付出相当大的功夫才行，尤其不能做陈腐愚昧、缩手缩脚又自以为是的书呆子——波斯古典文坛最伟大的诗人萨迪写道："无论你腹中有多少知识，假如不用便是一无所知。"

## 阐发精要

理论和实践相结合，从来就不是一件容易的事。越是不容易，就越是要努力去做，做起来就越是有成果。

> **4. 妈妈语录：**
>
> 活到老、学到老，越有追求，越得坚持学习。

## 语录阐发

活到老、学到老，生命不止，学习不已。越有追求，越有志向，越有坚持学习的干劲。志为学之心，学为志之事。

活到老、学到老，生命不止，学习不已。封建时代的圣人孔子就是这样一个有着强大的学习毅力的典范——《论语·述而》有这样一段很有名的话："叶公问孔子于子路，子路不对。子曰：'女奚不曰，其为人也，发愤忘食，乐以忘忧，不知老之将至云尔。'"大意是说，叶公问子路，孔子是一个什么样的人啊？子路答不上来。孔子说，你怎么不说，他这个人呀，用功读书忘记了吃饭，快乐起来忘记了忧愁，不知道衰老即将来临，如此而已。

越有追求，越有志向，越有坚持学习的干劲。对于学习与志向之间的关系，古今名言多有所论："夫学须静也，才须学也，非学无以广才，非志无以成学。"（学习需要安静，才能需要学习，

## 四、论学习

真理越是难懂，就越是要一把抓住，不放开

不学习无法扩大才能，没有志向无法使学习获得成功）"学之广在于不倦，不倦在于固志。"（要学得广博的知识就要不倦地学习，不倦地学习就需要坚定自己的志向）"人若志趣不远，心不在焉，虽学无成。"（一个人如果志向兴趣不够远大，不集中精力，虽然学习了也不会有太大的成功）"立大志，做大事，探讨大学问。"（陶行知）"一个人有无成就，决定于他青年时期是不是有志气。"（谢觉哉）

志为学之心，学为志之事。志向是学习的核心动力，学习是志向的分内之事。毛主席曾经教导我们说，"好好学习，天天向上。"这短短的8个大字，就包含着对于我们学习的勉励和对于志向的振拔——没有"天天向上"的志向，就没有"好好学习"的动力；没有"好好学习"的积极表现，就没有"天天向上"的实质内容。总之，"好好学习，天天向上"，是激励中国人民胜利前进的一笔宝贵的精神财富，是中国学生励志学习永远的座右铭！

## 阐发精要

活到老、学到老，生命不止，学习不已。

> **5. 妈妈语录:**
>
> 真理越是难懂,就越是要一把抓住,不放开。

## 语录阐发

真理是难以发现的,一旦发现就要珍视无比。真理是难以掌握的,掌握真理需要执着勇敢、锲而不舍的态度。真理是在与谬误的比较中而存在、发展的,追寻真理就不要害怕犯错误。

真理是难以发现的,一旦发现就要珍视无比。正因如此,真理甚至比生命还重要。孔子说:"朝闻道,夕死可矣。"(早晨听见了真理,就是当天晚上死了也可以了)无产阶级革命家王若飞说:"我生为真理生,死为真理死。除了真理,没有我自己的东西。"苏格兰诗人彭斯说:"实实在在的真理,顶天立地的品格,比什么爵位都高。"英国唯物主义哲学家培根说:"在人类的历史的长河中,真理因为像黄金一样重,总是沉于河底而很难被人发现,相反地那些牛粪一样轻的谬误倒漂浮在上面而到处泛滥。"

真理是难以掌握的,掌握真理需要执着勇敢、锲而不舍的态度。要坚持真理，不论何时何地何事都不动摇。教育家傅雷说："坚持真理是一件艰巨的斗争，也是教育工作；需要好的方法、方式、手段，还有耐性。"德国音乐家贝多芬说："不论将来人们怎样说我，我在每一件事情上都一丝不苟地固守真理，不违背事实。"美国科学家爱因斯坦说："我要做的只是以我微薄的绵力来为真理和正义服务，即使不为人喜欢也在所不惜。"

真理是在与谬误的比较中而存在、发展的，追寻真理就不要害怕犯错误。须知，相对是绝对的先导，错误是真理的台阶。钱学森说："正确的结果，是从大量错误中得出来的；没有大量错误做台阶，也就登不上最后正确结果的高座。"

## 阐发精要

真理是难以发现的，一旦发现就要珍视无比。真理是难以掌握的，掌握真理需要执着勇敢、锲而不舍的态度。真理是在与谬误的比较中而存在、发展的，追寻真理就不要害怕犯错误。

# 五 论智慧

## 人不能属老鼠，只看脚面子

老鹰和老鼠，看到的世界是很不同的。要像老鹰一样，翱翔天际，目光远大；不要像老鼠一样，只看脚面，鼠目寸光。

**1. 妈妈语录：**

　　交什么朋友都得走中庸路，磕十个头的相好也要留个底。

## 语录阐发

交友须走中庸路，至交也要留一个底。

交朋友必须谨慎，要把握一定的分寸。既不能求全责备，也不能以偏概全；既不能缺乏信任，也不能毫不设防。

不能随便相信一个人，现在个别人无利不起早，心里想的和嘴上说的完全不一样，心里和嘴上都不是一条线，这样的人你尤其需要小心防备他。

交朋友不能光看他好的一面，观察清楚一个人是很难的，有时候有的老朋友为了重大的利害关系，也会出卖你。世上不都是好人，即使好人多，坏人少，也得学会保护自己。

进而言之，你是个君子，你以为人人都是君子，你就分不清是和非了。有君子就有小人，有同志就有敌人——须知，世界不是你自己的投影，你自己倒是世界局部的、特殊的反映。这就是说，你可能生活中有小人而毫不自觉。

这样说来，交友岂不是意义不多却苦恼不少吗？

也不是这样，关键要看你交的是不是真正的朋友。真正的朋友是志同道合的人："君子与君子以同道为朋，小人与小人以同利为朋。"（欧阳修）真正的朋友是能直言规劝的人："难得是诤友，当面敢批评。"（陈毅）真正的朋友是非常正直的人："世间最美好的东西，莫过于有几个头脑和心地都很正直的严正的朋友。"（爱因斯坦）

那么，怎样考察自己的朋友是不是真正的朋友呢？磨难可以增进感情，时间可以证明一切。正如老话所说："路遥知马力，日久见人心。"路远才能知道马的脚力如何，时间长了才能知道人的内心如何，交朋友也得经过时间的考验。老话又说了："黄金万两易得，知音一个难求。"毫无疑问，真正的好朋友从来都是稀少的，也是宝贵的。

总之，宜结患难之交，须绝无义之友。知人要知心，交友要慎重。

## 阐发精要

宜结患难之交，须绝无义之友。知人要知心，交友要慎重。

**2. 妈妈语录：**

*宁送穷人一口，不送富人一斗。*

## 语录阐发

宁可给穷人一口饭，也不送给富人一斗粮——救济穷人，无论多少，都有必要，他都感激你，念你的好；巴结富人，再多礼品，他都不稀罕，也不尊重你的任何讨好。在生活中，常常是穷人敏感，富人骄狂。因此应该谨记，不要为富人锦上添花，而要为穷人雪中送炭。

什么样的富人称得起"精神上的富人"呢？台湾著名女作家三毛说过："一个金钱富足的人，还能有心关怀到困于窘境的穷人，才是真正的富人。"这就是说，一个能为穷人雪中送炭的富人，才称得上是一个精神上的富人，一个物质精神都富裕的人。

古人有言："我若富贵，不可骄；人若富贵，不可羡。我贫贱，断不可屈；人贫贱，断不可欺。"这段话表现了古人富贵不可骄、贫贱不可屈的定力气节，以及富贵不可羡、贫贱不可欺的人格胸怀。此等箴言，堪为后人为人处世的准绳。

老话说了："穷人的汗，富人的饭"，因为有了穷人的出力流汗，才有了富人的吃喝玩乐。这是一个不可回避的现实。富人的财富是建立在穷人的汗水之上的，因此富人对穷人要感恩，要和善，要帮助。不要迷失了善良的人性，却充满了冷漠无情和飞扬跋扈。

老话又说了："天下穷人是一家。"穷帮穷，天底下的穷人应该像一家人一样，互相救济，互相爱护，互相帮助。还要知道，穷人的命运，归根到底，只有通过穷人自己团结起来，组织起来，行动起来，勤奋地工作，勇敢地斗争，共同地反抗，才能真正获得改变！

## 阐发精要

不要为富人锦上添花，而要为穷人雪中送炭。

3. 妈妈语录：

　　人不能把别人都看成傻子，却把自己看得太聪明。

## 语录阐发

别人都不是傻子，自己也并非多么聪明。骄傲者最愚蠢，谦虚者最聪明。还是古语说的好，满招损，谦受益。

别人怎么可能都是傻子呢？大家是平等的，每个人都是互有短长、各有千秋的。轻视别人，即是犯了无边无量的愚昧之罪。自己真的是那么聪明吗？现实生活中，情况往往是这样的：越是一知半解，越是骄傲自满；越是一无是处，越是自命不凡。究其本源，正如古希腊哲学家苏格拉底所说："骄傲是无知的产物。"德国戏剧家莱辛也有相似的看法："我们的骄傲多半是基于我们的无知。"

骄傲者最愚蠢，谦虚者最聪明。这是不难理解的。骄傲者如魔鬼，谦虚者如天使。当代人民艺术家老舍说骄傲自满是一座自己挖掘的陷阱："骄傲自满是我们的一座可怕的陷阱。而且这个陷阱是我们自己亲手挖掘的。"德国最伟大的作家之一歌德说过："如果一个人不过高地估计自己，他就会比他自己所估计的要高得多。"这是一个经验丰富的智者给予我们的友好忠告。

"满招损，谦受益。"骄傲自满招致损失，谦虚谨慎得到益处。也可以理解为，"谦虚使人进步，骄傲使人落后，我们应当永远记住这个真理"。

关于不可骄傲这一观念，中国的古人们曾经反复给我们敲响了警钟——《六韬》说："器满则倾，志满则覆。"（器物满了就会倾覆，人过于骄傲就会失败）《贞观政要》说："傲不可长，欲不可纵，乐不可极，志不可满。"（傲慢不可生长，欲望不可放纵，享乐不可无度，志气不可自满）王阳明说："人生大病，只是一'傲'字。"（人生最大的毛病，只不过就是一个骄傲的"傲"字）吕坤说："气忌盛，心忌满，才忌露。"（脾气忌太盛，心志忌自满，才能忌外露）

## 阐发精要

骄傲者最愚蠢，谦虚者最聪明。

**4. 妈妈语录：**

> 进门会看眼，出门会看天。人心难测，得学会观察。

## 语录阐发

进门要会看主人的眼色，出门要会看天气的变化。人心难测就像主人的眼色和天气的变化一样，得学会观察。

进门会看眼，进门要会看主人的眼色，毕竟是到人家做客，客随主便，不能不领悟主人的意思。否则，就是不懂礼貌，其举动也难免是不合适的。《荀子》说："人无礼则不生，事无礼则不成，国家无礼则不宁。"此意是说，做人不讲礼，就不能生存；做事不讲礼，就不能成功；国家不讲礼，就不能安宁。由此可见礼的重要。

出门会看天，出门要会看天气的变化，天气变化表面上看似没有规律，实际上有法可依、有章可循。有关天气的谚语，就是对天气变化规律的科学总结。举例言之，"天气往北，一阵墨黑（音hē）；天气往南，平地跑船；天气往西，淹死水鸡；天气往东，一阵大风"。老人们口口相传的天文谚语,蕴含着屡试不爽的经验智慧,是城市时代远离自然的我们不可多得的生活指南。

人心难测就像主人的眼色和天气的变化一样,得学会观察。因此我们要警惕,不要松懈;要敏感,不要麻木;要冷静观察,不要自以为是。明代思想家洪应明在《菜根谭》中写道:"害人之心不可有,防人之心不可无,此戒疏于虑者。宁受人欺,毋逆从之诈,此警伤于察者。二语并存,精明而浑厚矣。"(不可存有害人之念,也不可没有防人之心,这是用来告诫思虑不周的人;宁可受人之欺,也别猜测他人的奸诈之心,这是用来警惕过分小心提防的人。能够同时做到这两点,便算得上思虑精明且心地敦厚了)在这里,洪应明提出了既能精明防害又能敦厚待人的更高要求,值得三思。

## 阐发精要

进门要会看主人的眼色,出门要会看天气的变化。人心难测就像主人的眼色和天气的变化一样,得学会观察。

## 5. 妈妈语录：

**人不能属老鼠的，只看脚面子。**

## 语录阐发

老鹰和老鼠，看到的世界是很不相同的。要像老鹰一样，翱翔天际，目光远大；不要像耗子一样，只看脚面，鼠目寸光。

《论语》说："人无远虑，必有近忧。"人没有长远的打算，就会有即将到来的忧患。什么时候鼠目寸光都是不行的，只有目光远大，考虑得越长远，眼前的事情才能处理的更好——愚者只顾眼前，智者着眼长远；愚者鼠目寸光，智者富有远见。

谚语说："贪图小利，难成大业。"做大事的人，不能鼠目寸光，贪图小利。贪图小利就有可能会掉入诱惑的陷阱，也浪费掉了人生宝贵的时间。正所谓：谋宏图大业者，须绝蝇头小利之惑；行万里长征者，不计一时争先之功。古今中外凡成大业者，都不能像耗子一样，只看脚面，贪图小利，鼠目寸光。

王阳明说："泰山不如平地大，平地有何可见？"泰山是不如平地广阔，但是在平地上又能看到什么呢？我们说："持志不如无志闲,无志有何可成?"持志不移是不如胸无真志清静悠闲,但是胸无真志又能干成什么伟大的事业呢?我们应该拥有"孔子登东山而小鲁,登泰山而小天下"(登上东山,鲁国尽收眼底;登上泰山,天下一览无余)的眼界胸怀,和一切鼠目寸光、平地之见一刀两断;我们应该拥有毛泽东"鹰击长空,鱼翔浅底,万类霜天竞自由"的壮志豪情,一起来"怅寥廓,问苍茫大地,谁主沉浮"。

## 阐发精要

要像老鹰一样,翱翔天际,目光远大;不要像老鼠一样,只看脚面,鼠目寸光。

# 六

# 论风气

东西变质不可怕，
人变质才可怕

东西重要还是人重要？物质变质可怕还是精神变质可怕？东西变质不可怕，人变质才可怕。当前最坏的风气（潮流）就是，很多人因权和钱而变质，成为可怕的"变质人"。

## 1. 妈妈语录：

*不要有奶就是娘，有钱就是爹！*

## 语录阐发

有奶就是娘，有钱就是爹，这是典型的以钱论亲疏的势利小人的观念。人活着都得吃饭，没钱确实不行，但是不能跟钱叫爹！人不能离开一定的物质基础而生存，但是对于物质基础没有精神原则、没有道德底线的极端依赖性，就是人的第一劣根性。要去除这一劣根性，要反对有奶就是娘、有钱就是爹的拜金主义坏风气、坏潮流。

什么叫风气？百度词条这样写道："社会风气，简称风气。指社会上或某个群体内，在一定时期和一定范围内竞相仿效和传播流行的观念、爱好、习惯、传统和行为。它是社会经济、政治、文化和道德等状况的综合反映，同时也反映了一个民族的价值观念、风俗习惯与精神面貌。"风气有好坏、正邪之分。好的风气、正的风气应该接受，坏的风气、邪的风气应该反对。那么，什么叫潮流？在很多语境下，潮流就是风气，风气就是潮流。

## 六、论风气
### 东西变质不可怕，人变质才可怕

当然，金钱本身无所谓好坏，我们不是反对金钱，而是反对有钱就是爹的拜金主义——一辈子就那么几十年，总往钱眼里爬，你说有意思吗？没意思，一点意思也没有。一个就知道往钱眼里爬的人，是无法呼吸到新鲜的空气，欣赏到人生的风景的。同时，一个拜金主义者，一个顶礼膜拜金钱的邪教徒，是无所谓精神与道德的。

必须承认，拜金主义是当代能够在全球兴风作浪的主要源流。每个人终其一生都裹挟在这样的环境中，不可能完全躲开，完全割断，完全置身事外，无动于衷。所以，每个人都不要幻想能够逃脱拜金主义的渗透与影响。你不分辨或者分辨不出拜金主义的恶性影响，拜金主义就会按着它的丑恶来塑造你丑恶的人生；你不调查分析拜金主义的价值取向，它就会驭着你在没有方向的大海里进行灵魂昏睡的裸游；你不敢革拜金主义的命，拜金主义就会革你的命！清醒觉悟还是浑噩无知，明确赞成还是积极反对，随波逐流还是起而抗争，拜金主义潮流就是以这样革命的方式向我们人类提出问题的。

这也就是说，我们中国人应该成为拜金主义潮流泛滥时代的反潮流勇士。要成为这样的反潮流勇士，面对拜金主义汹涌而至的巨大压力，尤其需要具有一种中流砥柱、岿然不动、百折不挠的革命意志，从而坚定其清醒强大的思想，捍卫其独立自由的精神，涵养其深厚正直的道德，真正做到敢于造拜金主义的反，革拜金主义的命！

## 阐发精要

我们中国人应该成为拜金主义潮流泛滥时代的反潮流勇士。

## 六、论风气

东西变质不可怕，人变质才可怕

> 2. 妈妈语录：
>
> 　　人不能把权和钱放在首位，要一直把精神和道德放在首位。

## 语录阐发

人生不能颠倒主次，被欲望迷住眼睛。把权和钱看作是首位的人，都不够个人！权钱是粪土，忠孝是一生。最没人味的人，把权和钱放在首位；最有人味的人，把精神和道德放在首位。

人生要过得有滋有味，就要一直把精神和道德放在首位。独立自由的精神，深厚正直的道德，是人生最可宝贵的东西。我们怎么能让权力的枷锁与金钱的陷阱，使我们最可宝贵的东西蒙受耻辱呢？

说权力是枷锁，这是不错的。古往今来，不计其数的贪官污吏，利用手中的权力，搜刮民脂民膏，攫取了惊人的财富，最终往往锒铛入狱，做了朝不保夕的阶下之囚，成为自我权力膨胀的牺牲品。很明显，他们的权力就是他们人生的枷锁，这是毫无疑义的。

说金钱是陷阱，这也是不错的。"人为财死，鸟为食亡"，就像鸟儿为得到一口吃的就奔赴死亡一样，拜金主义者在财富的陷阱面前手舞足蹈、晕头转向，最终往往在陷阱里面见了地狱与阎王。很明显，他们的金钱就是他们人生的陷阱，这也是毫无疑义的。

人生不能颠倒主次，如果颠倒了，一定要再颠倒过来。人不能被欲望迷住眼睛，要加倍小心权力的枷锁与金钱的陷阱。人不能把权和钱放在首位，要一直把精神和道德放在首位。

把精神和道德放在首位，意味着什么呢？意味着独立自由的精神，深厚正直的道德，是人生最可宝贵的东西；意味着权为民所用，利为民所谋，让权和钱成为造福人民的好帮手；意味着全心全意为人民服务，全心全意为人民负责，全心全意为中国人民的根本利益而奋斗，这也是一切正确的反对拜金主义的出发点。

## 阐发精要

最没人味的人，把权和钱放在首位；最有人味的人，把精神和道德放在首位。

## 六、论风气

东西变质不可怕，人变质才可怕

**3. 妈妈语录：**

*穷了乍富，挺腰拉肚。*

## 语录阐发

一个穷人刚刚变富，就挺腰拉肚地摆架子，这是很可笑的。进而言之，一个人，是听任物质淹没精神，还是振拔精神、主导物质；是钱说了算，还是人说了算——这是人生必须解决的根本问题。解决不好，一损俱损；解决好了，一通百通。

有人说，钱可以使人迷失本性，也可以使人的本性显露无遗。有人说，金钱不是一切罪恶的根源，对金钱的贪恋是一切罪恶的根源。有人说，"崇拜财富是最丑陋的行为"（安德鲁·卡内基），"没有充实的心灵，财富只不过是个丑陋的乞丐"。（爱默生）还有人说，"如果你把金钱奉为上帝，它就会像魔鬼一样折磨你"（菲尔丁），"如果金钱不是你的仆人，它便将成为你的主人。一个贪婪的人，与其说他拥有财富，不如说财富拥有他。"（培根）我们说，一个贪婪的被金钱主宰的人是拜金主义者，他听任物质淹没精神，物质左右精神，这是我们要坚决反对的。

兜里揣着多少钱也不要挺腰拉肚，兜里没有几个钱也不要垂头丧气。富不可挺腰拉肚，穷不可垂头丧气，这就是说，人的精神不能被物质所左右，人要永远镇住钱，而不是让钱镇倒了人。

穷不可怕，就怕穷不出个志气；富也不可怕，就怕魂儿被钱带走了。穷和富都不是可怕的，可怕的是穷而无志，自卑自贱，投降主义；可怕的是富而无情，冷漠疯狂，拜金主义。

## 阐发精要

穷不可怕，就怕穷不出个志气；富也不可怕，就怕魂儿被钱带走了。

## 六、论风气

东西变质不可怕，人变质才可怕

> **4. 妈妈语录：**
>
> **没情没义，没心没肺，还叫人吗？**

## 语录阐发

当今社会上最恶心的一句流行话是：没心没肺，活得不累；没情没义，活得惬意。我们的回答是：没情没义，没心没肺，还叫人吗？毫无疑问，人不能没有情义，不讲道理，不走正道。

拜金主义者没情没义，金钱对于他来说就像是最容易上瘾的毒品，"吸毒"如同他很难摆脱的命运——他的财富对他起着致命的作用，把道德基础本不牢固的他引入歧途。须知，钱不是最重要的，人的价值也不是那几张钞票所能体现的。钱再多，能撂到天上去吗？

享乐主义者没情没义，个人主义者没情没义。现在有些年轻人动不动就强调：要懂得享受，要会生活，要对得起自己……这些话怎么听怎么觉得不好听。他们为什么光想着自己呢？做人不能太自私、只顾自己、麻木不仁。中国的年轻人啊，不要总是跟着西方个人主义、享乐主义的邪风走，更不要把个人的利益凌驾于其他更大的利益，比如家庭利益、集体利益和社会利益之上。

须知，做人是有三种境界的：极端自私、损人利己，是最下层；利人利己、力争平衡，是中间层；损己利人、大公无私，是最上层。扪心自问，我们自己身在第几层？

人不能成为一个拜金主义者，让金钱毒化了灵魂；人不能成为一个享乐主义者，让享乐控制了神经；人不能成为一个个人主义者，让自私蒙蔽了眼睛。人不能没有情义，人这简单的两笔，一撇是情，一捺是义。

## 阐发精要

人不能成为一个拜金主义者，让金钱毒化了灵魂；人不能成为一个享乐主义者，让享乐控制了神经；人不能成为一个个人主义者，让自私蒙蔽了眼睛。

六、论风气

东西变质不可怕，人变质才可怕

> 5. 妈妈语录：
>
> 东西变质不可怕，人变质才可怕。

## 语录阐发

东西重要还是人重要？物质变质可怕还是精神变质可怕？东西变质不可怕，人变质才可怕。当前最坏的风气就是，很多人因权和钱而变质，成为可怕的"变质人"。

"变质人"是变质的环境的奴隶。须知，环境变质了，人不能变质，更不能做变质的环境的奴隶。强大的人能改变环境，软弱的人被环境所改变。我们要做强大的人，还是软弱的人？我们要改变环境，还是被环境所改变？哲学家冯友兰说过："一个人的境界，常有变化。其境界常不变者，只有圣贤与下愚。"这个境界常有变化的人，就是被环境所改变的人，一个软弱的人，一个时刻可能变质的人。

"变质人"是变质风气的仆人。须知，风气堕落了，人不能堕落，更不能做变质的风气的仆人。为什么要敢于反对不良风气，必须反不良风气？因为不同的风气，其性质是不同的，也就是说，风气是有好坏之分、善恶之别的。有正确的风气，也有错误的风气；有正义的风气，也有反动的风气；有进步的风气，也有倒退的风气；有真善美尽情释放的风气，也有假恶丑肆意泛滥的风气。对于前者，那些好的风气、良性的风气，我们应该赞成，应该参与，也就是应该与其同行共进，干在其中，乐在其中；对于后者，那些坏的风气、恶性的风气，我们则应该否定，应该拒绝，应该坚决反抗，而绝不能卖身为奴与其同流合污。

毫无疑问，当前最坏的风气就是，很多人因权和钱而变质，成为可怕的"变质人"。一个因权而变质的人，他就是一个贪官污吏，一个人人喊打的过街鼠；一个因钱而变质的人，他就是一个拜金主义者，一个缺乏人味的钻到钱眼儿里的人。

## 阐发精要

东西重要还是人重要？物质变质可怕还是精神变质可怕？东西变质不可怕，人变质才可怕。当前最坏的风气就是，很多人因权和钱而变质，成为可怕的"变质人"。

# 七 论亲情

## 不要心疼钱，要心疼身体

正如高尔基所说："母爱是世间最伟大的力量。没有无私的，自我牺牲的母爱的帮助，孩子的心灵将是一片荒漠。"我庆幸我很早就感受到了母爱这种人世间最伟大的感情，有妈妈无私的，自我牺牲的母爱的灌溉与栽培，我的心灵将永远是一片绿洲。

> **1. 妈妈语录：**
>
> 身体是第一本钱。有个好身体，一切都会有的。

## 语录阐发

身体是生命的本钱，做事要一步一步来。有了一个好身体，没有的会渐渐拥有；没有一个好身体，曾经拥有的也会渐渐失去意义。

就像保存下来的火种，星星之火可以燎原，终将点燃黑暗与虚空；就像从山顶而降的瀑布，锲而不舍点点滴滴，终将镂刻生命之石的形状与肌理——我们要记住妈妈的嘱托，保护好自己的身体，以此为基础，既不退缩，也不蛮干，既有理智，也有激情，既要奋发有为，也要量力而行，从而把握好身体与事业的平衡。这样，我们一步一步地做事；这样，我们就会拥有一个生机勃勃、健康快乐的明天。

与此相反，如果我们没有保护好自己的身体，使之出现了重大问题，那么，厄运与不幸就随之降临了，家庭与事业都有可能处于黑暗的笼罩之中。这时怎么办？治疗生理上的疾病，那是医院大夫护士们的事情；我们所能做的就是精神上的引导和思想上的疏通。在厄运中勇敢坚定，在不幸时意志顽强；在厄运中满怀希望，在不幸时全力反抗；厄运属于受难的身体，胜利属于不败的精神！老话说得好："人强人欺病，人弱病欺人。"这就是说，身体强就能抗住疾病，精神强就能压倒疾病。疾病像弹簧，你强它就弱，你弱它就强。

## 阐发精要

身体是生命的本钱，做事要一步一步来。有了一个好身体，没有的会渐渐拥有；没有一个好身体，曾经拥有的也会渐渐失去意义。

> 2. 妈妈语录：
>
> 不要心疼钱，要心疼身体，一定要吃好、休息好。

## 语录阐发

身体发肤，受之父母，我们应该保护好。妈妈来信反复叮嘱我们不要心疼钱，要心疼身体，那她自己究竟是怎样做的呢？

为了支付我和姐姐上大学的费用，日夜操劳的妈妈自己每天只吃几分钱一斤的圆白菜和西葫芦，平时很少吃肉类和鸡蛋，几年来没有买过一件新衣服，就连给我们写信的信封都是用白纸自己糊的。就是在这样的情况下，当我提出要买自行车和录音机时，妈妈的回信是："不要抠那几分钱，买就买质量好的，当时省两个钱，以后会找麻烦的。花多少钱来信，我就给邮。"我想都没想就按着妈妈的说法办了，现在想来当时的我是多么年少轻狂，甚至有些麻木自私啊！妈妈叮嘱我们不要心疼钱，要心疼身体，一定要吃好、休息好；她自己则正相反，为了我们，她心疼钱，不心疼自己的身体，勤俭度日，日夜操劳，没有吃好、休息好，以至于后来累出了许多病。

正如高尔基所说:"母爱是世间最伟大的力量。没有无私的、自我牺牲的母爱的帮助,孩子的心灵将是一片荒漠。"我庆幸我很早就感受到了母爱这种人世间最伟大的感情,有妈妈无私的、自我牺牲的母爱的灌溉与栽培,我的心灵将永远是一片绿洲。

## 阐发精要

我庆幸我很早就感受到了母爱这种人世间最伟大的感情,有妈妈无私的、自我牺牲的母爱的灌溉与栽培,我的心灵将永远是一片绿洲。

3. 妈妈语录：

　　孩子们一切都好，就是父母最高兴的大事。

## 语录阐发

孩子们一切都好，就是父母最高兴的大事。反之亦然，父母一切都好，就是孩子们最高兴的大事。

孩子是父母的精神支柱，孩子们的学习情况、婚姻交友、健康状况等等，牵扯着父母的心。有担忧，也有希望；有快乐，也有忧愁。孩子们一切都好，就是父母最高兴的大事。

父母是孩子们的精神支柱，父母是否健康长寿、起起落落、平安与否，牵扯着孩子们的心。有担忧，也有希望；有快乐，也有忧愁。父母一切都好，就是孩子们最高兴的大事。

必须承认的是，孩子们一切都好，就是父母最高兴的大事，这是常见的现象，大多数父母都是这样的；而父母一切都好，就是孩子们最高兴的大事，这只有少数非常孝顺的子女才能做到。谚语说："父母的心在儿女，儿女的心在外头。"在父母与子女的关系上，没有完全相等、完全平衡的。比较而言，父母对子女付出了更多的关爱与关注。很多时候，父母对于儿女来说，只是这个世界比较重要的一部分；儿女对于父母来说，则有可能就是整个世界。

## 阐发精要

孩子们一切都好，就是父母最高兴的大事。反之亦然，父母一切都好，就是孩子们最高兴的大事。

4. 妈妈语录：

　　父母精神上的幸福，是孩子们给的。

## 语录阐发

父母精神上的幸福，就是孩子们给的。反之亦然，孩子们精神上的幸福，是父母给的。

孩子是父母精神寄托之所在，关注孩子的每一步成长，关注他们在德育、智育、体育和美育等几个方面的发展，关注他们的婚姻、工作与荣誉，几乎成为中国大多数父母单的全部关注点。父母精神上的幸福，就是孩子们给的。

父母是孩子精神寄托之所在，关注父母的健康长寿，关注父母在物质赡养、生活照顾和心理慰藉等几个方面的变化需求，关注他们的安全、娱乐与晚年，有孝心的孩子们几乎每天都重复着这些事。孩子们精神上的幸福，就是父母给的。

父母精神上的幸福，是孩子们给的，这是常见的现象；而孩子们精神上的幸福，是父母给的，这并不是常见的现象，只有少数子女才会这样。谚语说:"要知父母恩,怀里抱儿孙。""不当家不知柴米贵,不养儿不知父母恩。"自己当了父母,就知道原来父母拉扯孩子有多不容易了!当家才知柴米贵,养儿方知父母恩,还是实践出真知——生活的艰辛,从家务操持上可以知道;父母的恩情,从照顾后代上体会得出。

## 阐发精要

生活的艰辛,从家务操持上可以知道;父母的恩情,从照顾后代上体会得出。

**5. 妈妈语录：**

*精神上的幸福比物质上的幸福，不知高多少倍！*

## 语录阐发

物质上的幸福是宝贵的，但对于注重精神追求的人来说，精神上的幸福比物质上的幸福，不知高多少倍！

父母与子女之间，既相互提供物质上的幸福，同时更重要的是相互提供精神上的幸福。中国人的亲情，最主要体现在父母与子女的关系之上，这就是平常所说的超越物质、血浓于水的骨肉情。

正是因为有了这份超越物质、血浓于水的骨肉情，中国人把家庭看作是最舒服的地方，所谓"金窝银窝，不如咱家草窝"，无论穷富，自己的家都是最好的，你住着别人家的金房子，也不如住着自己家的草棚子舒服。

正是因为有了这份超越物质、血浓于水的骨肉情，中国人把回家过年看得非常重要——"有钱没钱，回家过年"，无论穷富，常回家看看，过年尤其需要回家看看；常回家尽孝，过年尤其需要回家尽孝。

正是因为有了这份超越物质、血浓于水的骨肉情，中国人认为"倦鸟思林，人老思家"，落叶归根，无论穷富，人老了就想回到家乡（包括其精神意义上的家乡）——回到自己的亲人身旁去——家庭是人生的起点，也是人生的终点；故乡是生命的摇篮，也是生命永恒的港湾。

## 阐发精要

父母与子女之间，既相互提供物质上的幸福，同时更重要的是相互提供精神上的幸福。中国人的亲情，最主要体现在父母与子女的关系之上，这就是平常所说的超越物质、血浓于水的骨肉情。

### 6. 妈妈语录：
### 哪个当妈的不想自己的子女呢？

## 语录阐发

哪个当子女的不想自己的妈妈呢？虽然如此，还是老话说得好："儿行千里母担忧，母行千里儿不愁"，"儿想娘，只一场；娘想儿，常思想"——这些是不是让我们脸红、让我们揪心的真理呢？醒悟的我们不能让妈妈的爱和子女的爱落差这么大！

哪个当妈的不想自己的子女呢？妈妈对子女的思念，就像长江之水一样无穷无尽，就像泰山之石一样朴实厚重。

哪个当子女的不想自己的妈妈呢？子女对妈妈的思念，就像夕阳西下牧童的笛声，就像朝阳初上的第一缕阳光。

"浮云游子意，落日故人情。"子女如游子，妈妈如故人。把李白这两句诗，理解为妈妈与子女之间的思念，也是非常恰当而美丽的。

"慈母手中线，游子身上衣。临行密密缝，意恐迟迟归。谁言寸草心，报得三春晖。"孟郊诗的最后两句的大意是：又有谁敢说子女像小草一样的孝心,能报答得了像春天阳光般的母爱呢?

## 阐发精要

哪个当妈的不想自己的子女呢?妈妈对子女的思念,就像长江之水一样无穷无尽,就像泰山之石一样朴实厚重。

> **7. 妈妈语录：**
>
> *有了新工作，要安下心，好好干！*

## 语录阐发

孩子有了新工作，也就要面对新挑战。妈妈这时的鼓励是及时的，也是到位的。是接受新工作，勇敢前行；还是面对新工作，举棋不定，这个选择需要孩子自己做。

《论语》说："既来之，则安之。"（既然来了，就要在这里安下心来）英国政治家丘吉尔说："不能爱哪行才干哪行，要干哪行爱哪行。"妈妈说："有了新工作，要安下心，好好干！"我们说："制心一处，无事不办。"

制心一处，安心做事，从来都是非常重要的。若非如此，人则浮躁不定，消极被动，逡巡畏难，痛苦甚大。若能如此，人则宁静致远，积极主动，坚定无畏，心力合一。

如果我们正在从事的是一件较小的事业，我们也要安下心，好好干——因为"要成就一件大事业，必须从小事做起。"（列宁）

"不会做小事的人,也做不出大事来。"(罗蒙诺索夫)

如果我们正在从事的是一件惊天动地的伟业,我们更"要勇往直前,在斗争中锻炼自己的智慧、自己的身体,不要为无谓的感伤所征服,把你全部心灵、全部意志、全部精力,都献给你终生的事业。坚强的战斗,直到老死。"(列别捷夫)

## 阐发精要

制心一处,无事不办。

> **8. 妈妈语录：**
>
> 在心疼孩子方面，妈妈的心都是一样的。

## 语录阐发

没有冷漠的妈妈，只有冷漠的子女。没有不心疼孩子的妈妈，只有不心疼妈妈的孩子。妈妈与孩子的心是不对等的心，妈妈的爱和孩子的爱是不对等的爱。尽管如此，妈妈说，在心疼孩子方面，妈妈的心都是一样的，那就是全情付出，毫不迟疑，毫无保留！

在心疼孩子方面，有个谚语说得好："打在儿身，痛在娘心。"儿女受苦受难，拽着的是妈妈的心。人世间，骨肉情是最宝贵的感情。在骨肉情中，母子情往往比父子情还要真切，还要深刻，还要强烈。

在认同妈妈方面，也有个谚语说得好："狗不嫌家贫，子不嫌母丑。"妈妈是对孩子最好的人，孝敬的子女没有嫌自己妈妈丑的。这就是说，容貌的美，只是表象的美；精神的美，才是本质的美。妈妈的美，是精神的美，是本质的美，是至仁至善、大爱无声的美。

愿普天下再没有冷漠的子女，再没有不心痛妈妈的孩子！愿普天下的妈妈与孩子的心是对等的心，妈妈的爱和孩子的爱是对等的爱。愿普天下在心痛妈妈方面，孩子的心都是一样的，那就是全情付出，毫不迟疑，毫无保留！

## 阐发精要

没有冷漠的妈妈，只有冷漠的子女。没有不心疼孩子的妈妈，只有不心疼妈妈的孩子。妈妈与孩子的心是不对等的心，妈妈的爱和孩子的爱是不对等的爱。

> 9. 妈妈语录：
>
> 在人生思想上我教育不了我的孩子，在现实生活中我就要更多地帮助我的孩子。

## 语录阐发

在人生思想上我教育不了我的孩子，在现实生活中我就要更多地帮助我的孩子，就是说有身教没有言教。对孩子的教育，身教和言教都有最好，其次就是有身教没有言教，再次就是有言教没有身教，最次就是既没有身教也没有言教。这是家庭教育的四个层次。

母爱是真挚无私、温暖如春的，是穷心尽力、无所保留的，是不舍不弃、执着坚韧的。这是不言自明的，这就是关于人生之爱最好的启蒙与教育。在现实生活中贯穿这样的母爱，更多地帮助自己的孩子，就是在推进不言之教，就是在贯彻应有的身教。

不难理解，如果没有妈妈真挚无私、温暖如春的爱，孩子对妈妈的爱是不是会虚浮浅薄、不温不火？如果没有妈妈穷心尽力、

## 七、论亲情
**不要心疼钱,要心疼身体**

无所保留的爱,孩子对妈妈的爱是不是会不甚自觉、有所保留?如果没有妈妈不舍不弃、执着坚韧的爱,孩子对妈妈的爱是不是会若即若离、左右摇摆?

没有妈妈的身教,没有妈妈的帮助,家庭教育就会走入歧途、不难设想,如果一个孩子对妈妈的爱都是不坚实、不充沛、不执着的状态,那么孝敬从何谈起?情商怎能达标呢?

## 阐发精要

母爱是真挚无私、温暖如春的,是穷心尽力、无所保留的,是不舍不弃、执着坚韧的,这是不言自明的,这就是关于人生之爱最好的启蒙与教育。

> 10. 妈妈语录：
>
> 孝顺老人，并不是光有点物质就足够的，精神上孝顺也得有。

## 语录阐发

物质上奉养，生活上照顾，精神上慰藉，是孝顺老人不可或缺的三大内容。孝顺老人，在观念道理上要一通到底，在奉养、慰藉方面要加倍尽力，在生活细节上要无微不至、坚定不移。有的时候，对某些老人而言，精神上孝顺的意义甚至超过了物质上孝顺的意义。

不可否认，有一些子女，对于年迈的父母，漠然置之，不关心其痛痒，不把其放在心上，经济上不出力，饮食起居上不照顾，精神心理不慰藉，忘记了自己作为中国人子孙后代必须尽孝的本分。这样不孝顺的子女虽然人数不多，但确实存在，影响是很不好的。

还有些子女是主观主义者，他们对父母的本意是好的，但是在孝敬老人方面，不能坚持具体问题具体分析，因此很难做到把握重点、体贴入微。现在，法律规定，孝敬老人包括：物质赡养、生活照顾和精神慰藉三个方面。对于一个物质生活已经无忧无求的老人，主观主义者不是在精神慰藉和生活照顾两个方面，做出更深入的分析和更大的努力，而是把给父母一些钱物，当作孝敬的主要内容，可想而知，这样孝敬的含金量，自然是很低的。

与此相应，类似的道理2000多年前孔老夫子就已说过："今之孝者，是谓能养。至于犬马，皆能有养。不敬，何以别乎？"（现在所谓的孝，是指能供养父母。就是狗和马，也能供养父母。内心缺乏真挚的尊敬，怎么能区分这两者呢）至于孟子所说："老吾老以及人之老，幼吾幼以及人之幼"（孝敬自己的长辈，不要忘记其他人的长辈；抚育自己的小孩，不要忘记其他人的小孩），则提出了以大孝大爱治理天下的更高要求。

实际上，孝敬的境界也是可以划分为不同层次的，20多年前我曾写过这样一首"孝敬箴言"，以明此理："大人之孝，先父母之忧而忧，后父母之乐而乐，恭恪奉亲，慎无懈怠；中人之孝，衣食供养唯恐不足，嬉戏怡情唯恐不乐，不敢远离，常在亲侧；下人之孝，偶生善念献一乐一物，断续孝心丧大情大真，外现麻木，内失敬恋。"

## 阐发精要

物质上奉养，生活上照顾，精神上慰藉，是孝顺老人不可或缺的三大内容。

# 八 论道德

一辈子能得一个好人名,太不容易了

盖棺才能定论,人的一辈子是艰难、曲折和漫长的,谁要是最终能得一个好人名,那就是真正修成难得的正果了。然而,不得不承认的是,在现实生活中,这样的人只是少数。

> **1. 妈妈语录：**
>
> 人生百年能够留下的，还有什么比道德、比名声更重要的呢？

## 语录阐发

在中国人的价值谱系中，道德是第一位的，道德是不朽的，正如《左传》所说："太上有立德，其次有立功，其次有立言。虽久不废，此之谓三不朽。"最上层是树立道德，其次是建功立业，再次是创立学说。即使过了很久也不会被废弃，这就叫作三不朽。人生百年能够留下的，还有什么比道德、比名声更重要的呢？

汉朝才女班昭在《东征赋》中写道："唯令德为不朽兮，身既没而名存。"人世间只有美德永垂不朽啊！身体已死而名望长存。如此说来，道德与名声已经超越了生命的禁锢，超越了百年的时限，而获得了永恒的价值。人生百年能够留下的，还有什么比道德、比名声更为长久的价值呢？

中华民族是最讲道德的民族，五千年的文明史处处闪耀着道德的光芒。中华民族的道德使命是最强的，即便在乱世中，国人

# 八、论道德

一辈子能得一个好人名，太不容易了

的大同思想也从来没有泯灭消失。讲道德，重名节，为此甚至不惜牺牲生命、牺牲一切，这就是世世代代无以计数的优秀的中国人泽被后世、精神不朽、灵魂永恒的奥秘。

## 阐发精要

中华民族是最讲道德的民族，五千年的文明史处处闪耀着道德的光芒。

2. 妈妈语录：

人过留名，雁过留声。人生生不带来、死不带去，关键是能不能给子女留下点精神食粮。

## 语录阐发

精神食粮是真正的传家之宝，父母的人生指示着孩子的前进方向。物质和金钱是真正的传家之宝吗？当然不是。物质和金钱是有限的，精神食粮才是无穷无尽的；物质和金钱是死的，精神食粮才是活的，才是有生命的。

老子说："金玉满堂，莫之能守。"家里存放着大量的金玉宝贝，却没有能够守住不损失的。《资治通鉴》说："贤而多财，则损其志；愚而多财，则益其过。"贤能之人财产多了，就损害他的意志；愚昧之人财产多了，就增加他的过错。物质和金钱是速朽的身外之物，生不带来、死不带去，如果家风不正，家教不严，搞得不好，倒会成为子女堕落、家庭毁灭的孵化器与催化剂。

毫无疑问，在家庭中，父母是孩子的榜样，孩子是父母的影

# 八、论道德
一辈子能得一个好人名，太不容易了

子，有什么样的父母就有什么样的孩子。人过留名，雁过留声，关键要看父母给子女究竟留下点什么。重精神，守道德，是父母持家教子的正路；重物质，弃道德，家庭教育必将走上堕落毁灭的邪路上去。如何选择，不言自明。

## 阐发精要

精神食粮是真正的传家之宝，父母的人生指示着孩子的前进方向。

> 3. 妈妈语录：
>
> *一辈子能得一个好人名，太不容易了！*

## 语录阐发

盖棺才能定论，人的一辈子是艰难、曲折和漫长的，谁要是最终能得一个好人名，那就是真正修成难得的正果了。然而，不得不承认的是，在现实生活中，这样的人只是少数。当然，一辈子能得一个坏人名的也是少数。剩下的大部分人都处于没有好人之名也没有坏人之名的中间地带，古今中外一切道德说教的主要目的就是这些中间状态之人的觉醒与提升。

好坏之名，是名实相符还是名实不符呢？总的来说，主流情况是名实相符。虽然，三人成虎，众口铄金，舆论的力量是巨大的。尽管如此，假的真不了，真的假不了，我们的名声归根结底是由我们自己的言行塑造的。从长远上看，还是名实相符。一个人得到一个一时的好名声是较为容易的，得到一个一辈子的好名声则是非常不容易的，这是要付出巨大代价的，这也是中间状态人数众多的主要原因。

　　一个人做点好事并不难，难的是一辈子做好事，不做坏事。一贯地有益于孩子，一贯地有益于家庭，一贯地有益于国家与社会，艰苦奋斗、砥砺前行，几十年如一日，这才是最难最难的啊！

## 阐发精要

　　盖棺才能定论，人的一辈子是艰难、曲折和漫长的，谁要是最终能得一个好人名，那就是真正修成难得的正果了。

## 4. 妈妈语录：

> 人一定要有吃苦耐劳的精神，一定要尽到敬老爱幼的义务，一定要让良好的道德品质影响后代。

## 语录阐发

没有吃苦耐劳的精神，就不会有令人敬重的人生；没有敬老爱幼的实际行动，就不会有和谐幸福的家庭；没有良好的品质传承，就不会有家族的美好未来。

没有吃苦耐劳的精神，就不会有令人敬重的人生。贫穷低贱不是可鄙的，好吃懒做才是可鄙的。拈轻怕重不是可敬的，吃苦耐劳才是可敬的。汉朝贾谊有言："贱而好德者尊，贫而有义者荣。"这就是说地位低贱但讲究道德的人是可敬的，虽然贫穷，但坚守正义的人是光荣的。我们说吃苦耐劳是可敬而光荣的。吃苦耐劳是中华民族的传统美德与优秀品质，是中华民族独立于世界民族之林的一面旗帜与制胜法宝，这是世所公认的。对于一个中国人来说，失去了吃苦耐劳的精神，就失去了令人敬重的人生。

## 八、论道德
一辈子能得一个好人名，太不容易了

　　没有敬老爱幼的实际行动，就不会有和谐幸福的家庭。和谐幸福的家庭是人人向往的，但并不是在现实生活中人人确实拥有的。在家庭中，一定不能缺少一根行动的主线，那就是敬老爱幼的亲情。因为敬老爱幼，老人欣慰，孩子高兴；因为敬老爱幼，父母释然，儿女感奋；因为敬老爱幼，其乐融融，和谐幸福。进而言之，我们还可以说，因为敬老爱幼的各种实际行动，中国人的家庭有了远较西方家庭更多的和谐，更多的幸福，更多的亲情。一切将敬老爱幼的民族精神付诸实际行动的中国人啊，你们一定拥有和谐幸福的家庭，你们也一定拥有和谐幸福的人生！

　　没有良好的品质传承，就不会有家族的美好未来。什么是良好的品质传承？继承吃苦耐劳、敬老爱幼等传统美德，就是良好的品质传承。为什么要谈一谈家族的美好未来？因为我们拥有一个坚定的信念，那就是一定要让良好的道德品质影响我们的子孙后代。拥有传统美德的中国家庭，他们的家风家教是美好的，他们的家族观念是美好的，他们的家族事业是美好的。出生在最为讲求道德的中国家庭，具有良好的品质传承的中国人，他们也将创造家族美好的未来——因为"仁者无敌"（仁德之君，天下无敌。出自《孟子》）；因为"仁之所在，天下归之"，"德之所在，天下归之"（合并译为：仁德所在的地方，天人都向那里聚拢归附。出自《六韬》）。

## 阐发精要

没有吃苦耐劳的精神,就不会有令人敬重的人生;没有敬老爱幼的实际行动,就不会有和谐幸福的家庭;没有良好的品质传承,就不会有家族的美好未来。

## 八、论道德

一辈子能得一个好人名,太不容易了

> 5. 妈妈语录:
>
>    你对别人好,别人也会对你好。与人方便,与己方便。

## 语录阐发

对别人好,是利他主义;对自己好,是利己主义。坚持一定程度的利他主义,是搞好人际关系的诀窍,也是对自己有利的途径。正所谓:与人方便,与己方便。你对别人好,别人也会对你好。

《诗经》这样描写人与人之间的友好往来:"投我以桃,报之以李。"即投桃报李。意为有人送给我桃子,我以李子回赠他。这就是说,知恩图报,相互赠答,礼尚往来。

白居易这样描写人与人之间的忧乐与共:"乐人之乐,人亦乐其乐;忧人之忧,人亦忧其忧。"把别人的快乐当作自己的快乐,别人也会把你的快乐当作他的快乐;把别人的忧愁当作自己的忧愁,别人也会把你的忧愁当作他的忧愁。这就是说,我为人人,人人为我,互利互惠,合作共赢。

实际上,强调利他主义精神的古人之言,是不胜枚举的。唐代名相房玄龄说:"宁人负我,无我负人"(宁可别人对不起我,我不能对不起别人)明朝思想家吕坤说:"肯替别人想,是第一等学问。"清朝重臣左宗棠说:"与人共事,要学吃亏。"

## 阐发精要

对别人好,是利他主义;对自己好,是利己主义。坚持一定程度的利他主义,是搞好人际关系的诀窍,也是对自己有利的途径。

## 八、论道德

一辈子能得一个好人名，太不容易了

6. 妈妈语录：

> 在家庭和社会中，一个人如果光为自己想，不为别人想，太自私，不能拿自心比人心，那就不算个人了。

## 语录阐发

一个人自绝于人类文明之外的做法，就是极端自私，将自己的利益置于其他所有人，包括其最亲近的家人的利益之上。可想而知，这样的人，对父母是不可能孝敬的；这样的人，对朋友是不可能讲信义的；这样的人，没有利他主义精神，是利己主义第一，是让人讨厌的人，不是让人敬重的人。

与此相反，我们反对利己主义第一的价值观，倡导利他主义第一的价值观。正如谚语所说："蜡烛焚自身，光亮照别人。"蜡烛真是无私啊！它燃烧的是自己，照亮的是别人。无私的人是光明的，他燃烧的是生命，照亮的是灵魂；无私的人是勇敢的，他破除的是欲望的黑暗，砸碎的是小我的囚笼；无私的人是终生奉献的，"春蚕到死丝方尽，蜡炬成灰泪始干"。

谚语又说了："天凭日月，人凭良心。"天上要是没有太阳和月亮，世界就漆黑一片，天也就不够个天了；人要是丧失了良心，好事不干，坏事做绝，那样还算个人吗？日月是天空的眼睛，道德是人类的灵魂。天空不能没有眼睛，人类不能没有灵魂。

一个人能力有大小，但只要有了利人而不利己的这点无私的精神，就是一个高尚的人，一个纯粹的人，一个有道德的人，一个脱离了低级趣味的人，一个有益于家庭、社会和人民的人。

## 阐发精要

我们反对利己主义第一的价值观，倡导利他主义第一的价值观。

## 八、论道德

一辈子能得一个好人名,太不容易了

> **7. 妈妈语录:**
>
> 人生短暂,更要以实为本。谁喜欢撒谎的孩子呢?

## 语录阐发

诚实的孩子,人人爱;撒谎的孩子,没人爱。诚实是光明透亮的,撒谎是阴暗混浊的;诚实是可尊可敬的,撒谎是可耻可鄙的。我们应该老老实实地学习,老老实实地交友,老老实实地办事,老老实实地做人——做一个以实为本的老实人。

北宋理学家程颐说:"以诚感人者,人亦诚而应。"我以至诚待人,终将使人以至诚待我。儒家典籍《中庸》上说:"诚者,物之终始,不诚无物。"真诚贯穿于万事万物的始终,没有真诚就没有万事万物。《礼记·大学》中有这样一段非常经典也非常有名的话,其对于"诚"的推崇更是到了极致的地步:"古之欲明明德于天下者,先治其国;欲治其国者,先齐其家;欲齐其家者,先修其身;欲修其身者,先正其心;欲正其心者,先诚其意;欲诚其意者,先致其知,致知在格物。物格而后知至,知至而后意诚,意诚而后心正，心正而后身修，身修而后家齐，家齐而后国治，国治而后天下平。"修身齐家治国平天下的关键，正是要端正自己的思想，要使自己的意念达于至诚，即"欲正其心者，先诚其意"。

在短暂的人生旅途中，做一个以实为本的老实人，确实是一个聪明的选择，因为最聪明的人就是最老实的人。正如周恩来总理所说："自以为聪明的人往往是没有好下场的。世界上最聪明的人是最老实的人，因为只有老实人才能经得起事实和历史的考验。"

做一个以实为本的老实人，是不是就一定意味着懦弱与吃亏呢？当然不是。做一个以实为本的老实人，意味着踏实、诚实、实事求是。正如著名教育家徐特立所说："一个人最怕不老实，青年人最可贵的是老实作风。'老实'就是不自欺欺人，做到不欺骗人家容易，不欺骗自己最难。'老实作风'就是脚踏实地、不占便宜。世界上没有便宜的事，谁想占便宜谁就会吃亏。"

## 阐发精要

我们应该老老实实地学习，老老实实地交友，老老实实地办事，老老实实地做人——做一个以实为本的老实人。

# 八、论道德

一辈子能得一个好人名，太不容易了

> 8. 妈妈语录：
>
> 别自私，别懒惰，别鼠目寸光。要诚实，不要坑人。

## 语录阐发

无私无畏，勤劳勇敢，目光远大，诚实厚道，积德行善，不做坏事，是思想净化、人格提升的重大标志。正如真、善、美是在同假、恶、丑相比较而存在，相斗争而发展的，私与公、懒与勤、近与远和虚与实也是对立统一、相反相成的。这里我们为什么要突出地强调"要诚实，不要坑人"呢？因为这是和中国的传统道德对于诚信的要求完全一致的。

《论语》说："人而无信，不知其可"，"自古皆有死，民无信不立"。一个人如果不讲信用，真不知道他能做成什么事情。自古以来人都难免一死，人没有信用就没有立足之地。《韩非子》说："巧诈不如拙诚。"巧妙的奸诈不如朴拙的诚实。《孟子》说："诚者，天之道也；思诚者，人之道也。至诚而不动者，未之有也；不诚，未有能动者也"。诚是天赋本性，追求诚是做人准则。至诚而不能使人感动的，是从来没有的事；不诚，则无法感动别人。《荀子》说："君子养心，莫善于诚。"君子陶冶性情，提高修养，没有什么比诚心诚意更重要的了。《颜氏家训》说："一伪丧百诚。"诚信是不容玷污的，一件事情弄虚作假，就会在很多事情上丧失信誉了。总之，"要诚实，不要坑人"，一个人所以能净化思想、提升人格，正是在对于诚信的不懈坚持之中。

## 阐发精要

无私无畏，勤劳勇敢，目光远大，诚实厚道，积德行善，不做坏事，是思想净化、人格提升的重大标志。

# 八、论道德

一辈子能得一个好人名，太不容易了

> 9. 妈妈语录：
>
> 滴水之恩，当涌泉相报。就是没有条件报，但你报答的心得有。

## 语录阐发

困难时即使受了别人一滴水这样的小恩惠，以后也要涌泉相报、加倍报答。如果一时条件不具备，报答的心总是要有的。中国人的报恩观念是：崇尚助人为乐之义举，鄙视忘恩负义之恶行。

自古以来，中国人的精神传统中就有真诚而强烈的报恩思想。今天，我们完全没有任何必要跟在西方人的屁股后面，人云亦云、貌似时髦地说什么"感恩、感恩"。不仅如此，中国人的报恩思想是更加深刻而精准，情真而意切的。

谚语说："有恩不报非君子。"这就是说，别人对你有恩，不报答就是没有良心，滴水之恩，当涌泉相报。

谚语又说："大恩大报，小恩小报。"这就是说，有恩就得报！别人给你的好处，无论大小，你都要心存感激，都得给合适的回报。小恩小报，可见做人分寸；大恩大报，可见性情良心。

## 阐发精要

中国人的报恩观念是：崇尚助人为乐之义举，鄙视忘恩负义之恶行。

# 八、论道德

一辈子能得一个好人名,太不容易了

10. 妈妈语录:

如果你对别人有一点功,你千万别记在心里,等着别人的回报。

## 语录阐发

无私是功,自私是过;惦记回报,功即成过。我们应该做一个慷慨大方的人,不斤斤计较那些得失回报。这正是中国式报恩思想之一个硬币的两个方面:一方面对于他人之恩要牢记于心,知恩图报;一方面对于自己之功要淡忘,慷慨仁慈。

这是一种什么精神?这是一种利他主义而不是利己主义的精神。这样的精神有什么用?这样的精神将有助于家庭的和谐、社会的进步、亲友的团结。现在还有具有这样精神的中国人吗?回答毫无疑问是肯定的,一定有的。这样的人虽然不多,但他们是道德原野上生长的大树,不是低矮杂乱的灌木丛,不是随风倒的小草,他们无私地为人们提供荫凉,他们敢于迎击一切狂风暴雨!

让暴风雨来得更猛烈些吧!"君子山岳定,小人丝毫争。"(孟郊)君子就像山岳一样巍然挺立,淡定自如,光明磊落;小人则心胸狭窄，蝇营狗苟，为鸡毛小事争执不休。做君子还是做小人，做大树还是做小草与灌木丛，天理昭昭，不言自明。

## 阐发精要

无私是功，自私是过；惦记回报，功即成过。我们应该做一个慷慨大方的人，不斤斤计较那些得失回报。

# 九 论教育

## 小树从小修，修晚不直溜

孩子就像小树，要从小修理，修晚了就不直溜挺拔了。这就是说，家教必须从小抓起；否则，悔之晚矣。

## 1. 妈妈语录:

*孩子不懂事不成才,最主要怨父母教子无方。*

## 语录阐发

孩子是父母的影子。父母是孩子的第一任老师,也是孩子的终身老师。孩子懂事不懂事,成才不成才,是父母教子有方或者教子无方的直接结果,这是不难理解的。这就是说,孩子不懂事不成才,不能将主要责任推到社会或者学校的身上去。

父母既要养家糊口,又要教子有方,他们的任务确实是光荣而艰巨的。在这样光荣而艰巨的任务面前,有的家长退缩了,他们只能做到养家糊口,而对于教子有方则茫然无措,无所作为了;与此相反,有的家长却能迎难而上,他们不仅能做到养家糊口,还能做到教子有方,以自己的身教和言教悉心教导,无愧于孩子第一任老师和终身老师的称号,这样的家长是非常值得人敬佩的。

总的来说,我们的家教方针与国家的教育方针应该是完全一致的,那就是应该使孩子在德育、智育、体育和美育几个方面都

## 九、论教育
小树从小修，修晚不直溜

得到发展，成为有道义、有担当、有文化、有社会主义觉悟的劳动者，成为一个合格的、优秀的中华人民共和国公民，这是毫无疑义的。这也是衡量什么叫懂不懂事、什么叫成才不成才的根本标准。所谓教子有方，从根本上说，就是将这一标准贯穿到家庭的日常教育之中去。

### 阐发精要

孩子是父母的影子。父母是孩子的第一任老师，也是孩子的终身老师。

**2. 妈妈语录：**

*小树从小修，修晚不直溜。*

## 语录阐发

孩子就像小树，要从小修理，修晚了就不直溜挺拔了。这就是说，家教必须从小抓起；否则，悔之晚矣。

十年树木，百年树人，教育是百年大计，中国古代的思想家、教育家们于此多有强调——《管子》说："一年之计，莫如树谷；十年之计，莫如树木；终身之计，莫如树人。"如果为一年谋划，没有比种植庄稼更合适的；如果为十年谋划，没有比栽种树木更合适的；而如果为一生谋划，就没有比培养人才更合适的。《礼记》说："玉不琢，不成器；人不学，不知道。"玉不经过雕琢，不会成为有用的器物；人不经过刻苦学习，就不会懂得处世的道理。孩子从小生活在家庭之中，父母负有教育孩子的头等责任。《三字经》说："养不教，父之过；教不严，师之惰。"养了孩子而不对他们进行教育，是父亲的过错；对学生教育不严格，是老师的怠惰。

## 九、论教育

**小树从小修，修晚不直溜**

我们强调家教必须从小抓起，还因为童年、少年是习惯养成（培根说，"教育其实是一种从早年就起始的习惯"）、智力进步的黄金时期，这个时候抓紧学习，可以收到最佳效果。汉朝刘向说："少而好学，如日出之阳；壮而好学，如日中之光；老而好学，如秉烛之明。"少年时爱好学习，就像在早晨的太阳下学习；壮年时爱好学习，就像在正午的烈日下学习；老年时爱好学习，就像在蜡烛之下学习。

还要知道，教育孩子、修理树木的思想，中外都是相通的，正如培根所说："天生的才干如同天生的植物一样，需要靠学习来修剪。""人必须学习以变化气质，正如同树林须经修剪始能成型。"梁实秋说："弯了的树不会自直，放纵坏了的孩子大概也不会自立。"

## 阐发精要

孩子就像小树，要从小修理，修晚了就不直溜挺拔了。

3. 妈妈语录：

现在人讲究胎教。过去老人们常常嘱咐怀孕的妇女，孩子啊，有打仗骂人的，可千万离远一点！这不是胎教是什么？

## 语录阐发

中华民族是道德感最强的民族，中国人的胎教，不是主要写在书上，而是体现在老百姓日常生活的道德教化中。离恶就善，就是孕妇胎教最重要的道德抉择。

陶行知说："生活即教育。"我们说："生活即胎教。"安徒生说："生活本身就是一个最美丽的童话。"我们说："孕妇就是写作胎儿童话的最主要的作家。"歌德说："日常生活比一部最有影响的书所起的教育作用更大。"我们说："孕妇的生活就是给胎儿进行胎教的最好的教科书。"

不难理解，如果孕妇惯于和婆婆或者丈夫打仗吵架，我们能期望孩子的性格天生就温柔敦厚吗？如果孕妇娇生惯养、缺乏合

## 九、论教育
### 小树从小修，修晚不直溜

理的劳动意识与行为，我们能期望未来的孩子能勤劳坚强、热爱劳动吗？如果孕妇不爱学习却迷上扑克麻将，我们能期望未来的孩子自律自强，和赌博等恶习一刀两断吗？

甘地夫人说："最好的教育是以身作则。"魏源说："身教亲于言教。"我们说："胎教的密码就在孕妇的手中。"

**阐发精要**

中华民族是道德感最强的民族，中国人的胎教，不是主要写在书上，而是体现在老百姓日常生活的道德教化中。

4. 妈妈语录：

人不能有偏见，但不能没有主见。

## 语录阐发

偏见是不合理、不公平的消极否定，主见是对事物有确定的意见、有独立判断的能力。人有偏见是因为不能实事求是，人有主见是因为独立自主。在家庭教育中，无论教育者还是受教育者，坚持实事求是的原则和独立自主的原则，都是必要的，都会使其受益匪浅。

举例言之，坚持实事求是的原则，家长们就不会逼着手指粗短的孩子学钢琴，不会逼着身材矮小的孩子打篮球。坚持独立自主的原则，本不富裕的家长们就不会跟风攀比，偏得让自己的孩子上什么每月收费过万元的具有"国际概念"的"高档幼儿园"。

大教育家陶行知说："千教万教，教人求真。千学万学，学做真人。"这是对教育坚持实事求是原则和独立自主原则的上佳阐释。不难想象，如果我们的家长们确实坚持了实事求是的原则和独立自主的原则，摒弃了急于求成和崇洋媚外的心理，那么前段时间社会上所争论的小学生是否应该出国留学一事,其答案早就不言自明了。

总之,人不能有偏见,有了偏见就要客观公正地正视它,实事求是地改正它。人不能没有主见,没有主见,就要增加独立自主的观念与能力,切忌像浮萍一样的随波逐流。

## 阐发精要

在家庭教育中,无论教育者还是受教育者,坚持实事求是的原则和独立自主的原则,都是必要的,都会使其受益匪浅。

> **5. 妈妈语录：**
>
> 人一生有低潮、有高潮，都得耐着性子保持冷静平衡，紧张过度、兴奋过度对自己都是不利的。你的精神保持平衡，你的事业才能成功。

## 语录阐发

人生就是一场向着成功进发的修炼，有低潮、有高潮，要耐着性子保持平衡，以磨砺自己的精神，要具有不惧浮沉、不随潮流的强大意志，要追求"不以物喜、不以己悲"的豁达境界。

人生的竞赛从儿童时期就已开始，强大的意志来自生活的锤炼。须知，儿童如素丝，是染于苍则苍，染于黄则黄的，还没有定型，越是如此，家长们的责任就更加重大。美国心理学家塞德兹说："人如同陶器一样，小时候就形成一生的雏形。幼儿时期就好比制造陶瓷器的黏土，给予什么样的教育，就会成为什么样的雏形。"

在家庭教育中，意志教育应该放在一个很高的位置。与其把

## 九、论教育
### 小树从小修，修晚不直溜

孩子当作鸭子一样填入一些零碎的知识，不如培养他们的正气、大气和勇气，把孩子培养成身心健康、意志顽强的小老虎。

关于人类精神的坚忍、意志的强大，英国哲学家洛克说："真正的坚忍是当一个人无论遇到什么灾祸或危险的时候，他都能镇定自处，尽责不辍。"法国军事家拿破仑说："胜利属于最坚忍之人。"

## 阐发精要

在家庭教育中，意志教育应该放在一个很高的位置。

> **6. 妈妈语录：**
>
> 成人不用管，管死不成人；娇养生忿子，棒下出孝人。这两种想法，都有点太极端了。

## 语录阐发

"成人不用管，管死不成人"是老人们对不肖子女失望至极的气话，"娇养生忿子，棒下出孝人"则推崇家庭教育的武力化。只有不走极端、宽严有度、适当从严的家庭教育原则，才是正确的。

一方面，"成人不用管，管死不成人"，实际上鼓吹的是对孩子的溺爱与放任。须知，"慈母有败子"（慈母溺爱惯坏了不肖之子），最无知、最残酷的教育就是对于孩子的溺爱与放任。苏联教育家马卡连柯说："父母对自己的孩子爱得不够，子女就会感到痛苦。但是，过分的溺爱虽然是一种伟大的情感，却会使子女遭到毁灭。""以溺爱这种方式去对待儿童，只会造成儿童的不诚实、虚伪和自私自利。"

另一方面，"娇养生忿子，棒下出孝人"，把家庭教育甚至推

## 九、论教育

**小树从小修，修晚不直溜**

到了武力解决的极端，显然也是错误的。在家庭教育的推进中，父母"为孩师表"的作用，尤其重要。"学高为师，身正为范"（陶行知），父母要改造孩子，必须先改造自己，以期达到正确的、有效的高度。法国文学家儒贝尔说："孩子们更需要的是榜样，而不是批评。"

## 阐发精要

只有不走极端、宽严有度、适当从严的家庭教育原则，才是正确的。

### 7. 妈妈语录：

> 江山易改，本性难移。改变本性是困难的，但并不是完全不可能的。改变本性从改变观念和习惯入手。

## 语录阐发

为什么要改变本性？因为本性中有不正确或者不完美的东西。为什么说改变本性是困难的？因为本性"从天而降"，是天生的、从胎里带来的、强大的遗传基因。

怎样才能改变本性？人是观念的动物，习惯的仆人。改变观念或曰观念革命，改变习惯或曰习惯革命，就是改变本性的两大抓手。主动的、觉悟的、坚持不懈的观念革命，能使人告别消极的、蒙昧的动物境界；主动的、觉悟的、坚持不懈的习惯革命，能使人"反仆为主"，不再做习惯的奴隶。

当我们把孩子的思想也就是各种观念的集合，把孩子的行为也就是各种习惯的集合，一点点、一个个、一步步地导入正确的、日趋完美的家庭教育轨道，改变其本性的革命终将会走向成功！

## 九、论教育
小树从小修，修晚不直溜

这样，"江山易改，本性难移"的古语就要重写了；这样，家庭教育就借着观念革命、习惯革命的伟大胜利，进入了本性革命的新时代！我们热切地呼唤这个时代！我们要积极地创造这个时代！

## 阐发精要

怎样才能改变本性？人是观念的动物，习惯的仆人。改变观念或曰观念革命，改变习惯或曰习惯革命，就是改变本性的两大抓手。

> **8. 妈妈语录：**
>
> 理想是个好东西。有理想就会向上冲，没理想就会往下掉。

## 语录阐发

"理想是个好东西"，理想指引着现实前进的方向。中国哲学家、"新心学"的创建者贺麟说："理想是征服现实的指南针。理想是陶铸现实的模型，是创造现实的图案，是建立现实的设计。"

"理想是个好东西"，失去理想只能是没有目标地苟活一生。日本实业家松下幸之助说："我们一生中，必须立下志愿，必须有奋斗的目标。否则浑浑噩噩地过日子，那岂不是白活一生了吗？"

"理想是个好东西"，没有理想就没有理想的人类，没有理想就没有理想的生活，没有理想就只能像动物一样盲目地生存。法国作家雨果说："人有了物质才能生存，人有了理想才谈得上生活。你要了解生存与生活的不同吗？动物生存，而人则是生活。"

"有理想就会向上冲，没理想就会往下掉"，这是因为有理想就会有不断的上进之心，反之，没有理想就失去了人生的动力，就像不断向下掉的风筝一样失去了风的推送与凭依，有无理想真是云泥之别、天地之隔。中国无产阶级革命作家吴运铎说："有了理想就等于有了灵魂。"英国诗人艾略特说："心中没有理想，生活便索然无味。"俄国作家屠格涅夫说："生活中没有理想的人，是可怜的人。"黎巴嫩思想家纪伯伦说："让你的理想高于你的才干，你的今天才有可能超过昨天，你的明天才有可能超过今天。"

总之，生命不可虚度，青春不可无主，理想不可或缺。

## 阐发精要

生命不可虚度，青春不可无主，理想不可或缺。

> **9. 妈妈语录：**
>
> 妈妈最不放心你的是，你太直又太犟，不去细心观察别人的动机。

## 语录阐发

太直太犟是本性，观察人心是功夫。太直太犟是知己，观察人心是知彼。太直太犟容易受伤，观察人心可以设防。

本性难移也要移，功夫难练也要练。磨砺自我是一个个迎难而上的小故事，观察人心是一篇必须写好的大文章。

有人说，性格是一个人看不见的本质。英国经济学家凯恩斯说："习惯形成性格，性格决定命运。"作为本性的一部分，性格的作用是非常重要的，也是可以改变的，有所针对地确立新的习惯并一以贯之地努力保持下去，就会逐步改变性格。这就是本性难移也要移的根本办法，包含着一个个迎难而上、磨砺自我的小故事。

与此相应，观察人心也是一门必须修习的真功夫。"人心惟危，道心惟微；惟精惟一，允执厥中。"《尚书》这段"十六字心传",其意是说,人心是变化莫测的,道心是中正入微的;只要保持唯精唯一的至诚之念,不改变也不变换自己的理想和目标,就能使人心合于道心,如此执中而行,达于正鹄。这就是说观察人心是一篇必须写好的大文章,这就是功夫难练也要练的真正本义。

## 阐发精要

本性难移也要移,功夫难练也要练——磨砺自我是一个个迎难而上的小故事,观察人心是一篇必须写好的大文章。

> 10. 妈妈语录：
>
> 　　有耐性才有进步，看到自己的缺点才能弥补自己的不足。

## 语录阐发

耐性是进步的阶梯，没有耐性就没有上升的可能。反思是改进的前提，没有反思就不能弥补自己的不足。

当我们不急躁，也不厌烦，耐着性子向上攀登，这种坚忍的意志、无穷的毅力、不变的恒心，其本身就是进步的阶梯。正如徐特立所说："多一分耐性，即多一分效果。"也如毛泽东所说："贵有恒，何必三更眠五更起。最无益，只怕一日曝十日寒。"还如孙中山所说："天下事不如意者十之八九，总在能坚而不烦，劳而不避，乃能期于有成。""吾志所向，一往无前，愈挫愈奋，再接再厉。"

当我们不骄傲，也不自卑，头脑清醒地反思自我，发现缺点、改正缺点，这样我们就一定能够完成自我的净化与提升。人非圣贤，孰能无过？正如司马光所说："不以无过为贤，而以改过为

## 九、论教育
小树从小修，修晚不直溜

美。"（不以没有过错为优秀，而以改正过错为美好）也如孔子弟子子贡所说："君子之过也，如日月之食焉。过也，人皆见之；更也，人皆仰之。"（君子的过错，就像日食月食：犯了错误，人们都看得见；改正了错误，人们都仰望他）还如德国诗人海涅所说："反省是一面镜子，它能使我们的错误清清楚楚地照出来，使我们有改正的机会。"

### 阐发精要

耐性是进步的阶梯，没有耐性就没有上升的可能。反思是改进的前提，没有反思就不能弥补自己的不足。

> **11. 妈妈语录:**
>
> 自己应该不断地回过头来找自己不足的地方,能看到自己的缺点,才能做到自己应该做的事情。

## 语录阐发

金无足赤,人无完人,人贵有自知之明。能认识到自己的缺点,是难得的;认识之后能改正自己的缺点,是更难得的。对于缺点,我们的认识主要包括以下三个方面:

第一,任何人都难免有缺点,有缺点是正常的。俄国哲学家车尔尼雪夫斯基说:"既然太阳上也有黑点,'人世间的事情'就更不可能没有缺点。"英国小说家柯林斯·托说:"年轻时没做过蠢事的人,到了成年后就不会有什么作为。"

第二,如实地认识缺点,是改正缺点的必要前提。法国作家拉罗什富科说:"虚伪的人文过饰非,诚实的人知错认错。"宋代理学大师邵雍说:"君子改过,小人饰非;改过终悟,饰非终迷;终悟福至,终迷祸归。"君子改正过错,小人掩饰缺点;改正过错

## 九、论教育
小树从小修，修晚不直溜

终究是明白醒悟，掩饰缺点终究是迷茫到底；改正过错者前途光明、与福相伴，掩饰缺点者遗憾终生、无福得祸。

第三，与认识缺点相比，改正缺点才是目的，这是更重要的。《左传》说："人谁无过？过而能改，善莫大焉。"人哪有没有过错的呢？犯了过错但能够及时改正，就是很好的了。中国心学代表人物陆九渊说："真知非，则无不能去；真知过，则无不能改。"真正知道缺点就没有不能去除的，真正知道过错就没有不能改正的。

### 阐发精要

金无足赤，人无完人，人贵有自知之明。能认识到自己的缺点，是难得的；认识之后能改正自己的缺点，是更难得的。

> **12. 妈妈语录：**
>
> 一个人光乐听颂扬曲是不行的，必须得能够接受别人的批评。

## 语录阐发

批评使我们清醒理智，表扬使我们膨胀头晕。什么时候批评都是不可或缺的。没有批评，就没有进步与成功。毫无疑问，我们每个人都是有缺点的，往往当局者迷，旁观者清，我们的反思与自我批评非常有限，所以就更加需要别人的批评，来帮助我们认清缺点、改正缺点，以期获得进步与成功。

进而言之，一个虚心接受批评的人，他应该认识到如下道理：缺点是不可遮掩的，短处是亟待纠正的，为人是不可骄狂的。正如明代文学家聂大年所说："短不可护，护短终短；长不可矜，矜则不长。"（短处不可掩饰，掩饰就会使短处永远成为短处；长处不可骄傲，骄傲就会失去长处，无可进步）也如周恩来总理所说："适当地发扬自己的长处，具体地纠正自己的短处。"

"错误常常是正确的先导"（毛泽东），缺点可以是优点的先声。只要我们心平气和地接受一切善意的、正确的批评，我们的缺点就会变少，我们的优点就会变多。对于接受批评究竟应该采取什么样的原则，彭德怀元帅的认识是深刻的，他说："受了批评怎么办？有则改之，无则加勉，照样吃饭，照样往前走路。"

## 阐发精要

批评使我们清醒理智，表扬使我们膨胀头晕。什么时候批评都是不可或缺的。没有批评，就没有进步与成功。

# 十

## 论意志

### 人生要经得起风风雨雨

经历这些风风雨雨是好事还是坏事？经历这些风风雨雨不全是坏事，也是好事。因为不经风雨，哪有彩虹？不经风雨，哪有阅历？不经风雨，哪有成熟？不经风雨，哪有成功？

> 1. 妈妈语录：
>
>    每个人都会遇到挫折，没有挫折，谁也长不大。

## 语录阐发

每个人都会经历失败，没有失败，谁也不会取得大的成功。失败是成功之母，挫折是胜利之基。正是有了无数次失败，成功才终将触手可及；正是有了无数次挫折，我们的心灵才变得如此沉稳坚强。

在人生漫长的旅程中，多一点失败算什么？没有失败就找不到成功的道路。在生命向上的攀登中，多一点挫折算什么？没有人不经挫折就能胜利登顶，终归是没有挫折就无法长大成人。

我们如此抗打击的奥妙何在？因为我们拥有矢志不渝的信念，因为我们拥有不可动摇的意志力。正如孔子所说："三军可夺帅也，匹夫不可夺志也。"（三军中最重要的统帅都是可以夺取的，但是，一个普通人的志气却是不可以改变的）

面对失败、挫折的反复磨砺，我们越挫越奋、越战越勇的奥妙何在？因为我们拥有强大的、不可摧毁的使命感与责任心。正如孟子所说："天将降大任于斯人也，必先苦其心志，劳其筋骨，饿其体肤，空乏其身，行拂乱其所为，所以动心忍性，增益其所不能。"（所以上天将要降大任在这样的人身上，一定要先使其内心痛苦，使其筋骨劳累，使其饥饿消瘦，使其受贫困之折磨，使其行事颠倒错乱，通过这些来使其内心警觉，性格坚定，增加他不具备的才能）

## 阐发精要

每个人都会经历失败，没有失败，谁也不会取得大的成功。

## 2. 妈妈语录：

### 人生要经得起风风雨雨。

## 语录阐发

什么是人生的风风雨雨？亲人的过世，身体的顽疾，爱情的曲折，婚姻的背叛，孩子的堕落，事业的重挫，经济的破产，朋友的离弃，考试的失利，突然的事故，等等，这些都是人生的风风雨雨。经历这些风风雨雨是好事还是坏事？经历这些风风雨雨不全是坏事，也是好事。因为不经风雨，哪有彩虹？不经风雨，哪有阅历？不经风雨，哪有成熟？不经风雨，哪有成功？

人生要经得起风风雨雨，有三个词最能描述其间的心路历程：坚忍，自信，有恒。著名民主革命家黄兴说："天下无难事，惟'坚忍'二字，为成功之要诀。"爱国主义科学家钱学森说："不要失去信心，只要坚持不懈，就终会有成果。"晚清第一重臣曾国藩说："人而无恒，终生一无所成。"（人如果没有恒心，终生都不会有什么成就）"士人第一要有志，第二要有识，第三要有恒。"（读书人第一要有志向，第二要有见识，第三要有恒心）

## 十、论意志
### 人生要经得起风风雨雨

　　人生要经得起风风雨雨，有一句谚语最能提供有益的启示："风来得顶着走，雨到要快步行"——遇到躲不开的困难，就得勇往直前，顶着上，顶着干！不要害怕困难，对困难要知难而进，迎难而上；不要害怕挫折，对挫折要越挫越奋，越挫越勇！

### 阐发精要

　　不经风雨，哪有彩虹？不经风雨，哪有阅历？不经风雨，哪有成熟？不经风雨，哪有成功？

3. 妈妈语录：

　　人一生没有不栽跟头的，不栽跟头站不直。

## 语录阐发

人一生没有不栽跟头的，对于栽跟头，我们不要害怕，栽了跟头重新站起来！前途是光明的，道路是曲折的，没有人能够走直线、不栽跟头，随随便便就获得成功。

因为栽过跟头，我们的经验多起来了；因为栽过跟头，我们的能力有所增长；因为栽过跟头，我们站得更直，走得更稳了。苏东坡说过："古之立大事者，不惟有超世之才，亦必有坚韧不拔之志。"（自古以来凡是要做大事业的人，不只有出类拔萃、超越世俗的才能，也一定有坚韧不拔的意志）什么是坚韧不拔之志？栽了跟头重新站起来，就是坚韧不拔之志。

《世说新语》有言："蒲柳之姿，望秋而落；松柏之质，经霜弥茂。"（蒲苇和柳树体弱，到了秋天就凋落了；松树和柏树质地坚固，经过冰霜的摧残反而更加茂盛）栽了跟头重新站起来，我们要做经霜弥茂的松柏,不要做望秋而落的蒲柳。毛泽东诗曰:"为有牺牲多壮志,敢教日月换新天。"为了实现正义的、伟大的目标,栽多少跟头,受多大挫折,都是值得的;甚至献出宝贵的生命,都是值得的。

## 阐发精要

因为栽过跟头,我们的经验多起来了;因为栽过跟头,我们的能力有所增长;因为栽过跟头,我们站得更直,走得更稳了。

### 4. 妈妈语录：

> 一个人吃苦碰钉子，都不要紧。碰一个钉子，得一次教训。

## 语录阐发

不吃苦，就不知道什么是幸福；不碰钉子，就得不到真正的教训。老话说了，"吃一堑，长一智"，不经一事，不长一智，经验就是从失败的教训中总结出来的。须知，钉子是不能白碰的，碰一个钉子，就得一次教训，长一分见识。

人可以碰钉子，但不能总是碰同样的钉子。老话又说了，"头回上当，二回心亮"，经验、教训就是最好的向导。有了正确经验、教训的指引，就能避免犯同样的错误。聪明的人不会两次被同一块石头绊倒，只有瞎子才会两次掉在同一个井里。碰了钉子吃了亏却不能吸取教训的人，注定还要吃更大的亏。不总结经验、教训，不反思碰钉子、栽跟头的原因，就不会增长见识，就不会进步，亏就白吃了。

还有一种情况是需要注意的，那就是碰了一次或者几次钉子，就把自己的胆子碰没了,开始"怕"字当头。作为一个人,如果把"怕"字顶在脑袋上,别说干大事,就是小事也干不成。老话还说了,"走路不怕上高山,撑船不怕过险滩。"没有过不去的山,没有撑不过去的滩。面对困难与挫折,我们不能"怕"字当头,逡巡畏进,前怕狼后怕虎;相反,我们要"敢"字当头,激流勇进,警备非常,向着既定目标,勇猛前进!

## 阐发精要

人可以碰钉子,但不能总是碰同样的钉子。

**5. 妈妈语录：**

> 亏是人吃的，关键是要得到经验与教训。

## 语录阐发

亏是人吃的，关键是要得到经验与教训。吃亏不要紧，要紧的是吃亏了却得不到经验与教训。谚语说，"经验用黄金也难买到"，黄金是死的，经验是活的，经验是更宝贵的。宝贵的经验，往往需要付出一定的代价、吸取足够的教训才能得到。人生短暂，可以重来的机会很少。经验就像是灯塔，可以使我们少走弯路，少走险道。

人生就是有这样一种奇怪的公平，那就是从胜利中学得少，从失败中学得多。这就是说，从失败中比从胜利中，可以学得更多宝贵的经验。胜利使人喜悦，失败使人明智、使人成熟，从失败中吃了亏才可以得到血淋淋的、极其宝贵的教训。这正是艰难困苦，玉汝于成；多一份经验，多一份成功；教训是痛苦的，但它的果实是香甜的。

同样道理，大亏也是人吃的，关键是要得到大的经验与教训。谚语说："见过阎王不怕鬼。"见过阎王这样的大鬼，就不怕一般的小鬼了。经历过大磨难的人，就不怕小磨难的挑战。人的信念、意志与勇气，是在和磨难的对抗中产生、增长的。从这个意义上说，磨难就是一笔财富，巨大的磨难就是一笔巨大的财富。

**阐发精要**

人生就是有这样一种奇怪的公平，那就是从胜利中学得少，从失败中学得多。

**6. 妈妈语录：**

> 人生酸甜苦辣的滋味都应该尝一尝，人生本来就是这样的。

## 语录阐发

人生真相要敢于面对，人生滋味要敢于品尝。人生的真相是什么？生老病死、生生死死，就是人生的真相。人生滋味是什么？酸甜苦辣、烈酒火焰、荡气回肠！

人生本来就是这样的，《颜氏家训》说："生不可不惜，不可苟惜。涉险畏之途，干祸难之事，贪欲以伤生，谗慝而致死，此君子之所惜者；行诚孝而见贼，履仁义而得罪，丧身以全家，泯躯而济国，君子不咎也。"（生命是不能不珍惜的，但也不能苟且偷生。走上邪恶危险之路，卷入无意义的祸难之事，追求贪欲之满足而丧失生命，进谗言、藏恶念而致死，这是君子应该惜命的所在。做忠孝之事却被迫害，行仁义之事却获罪名，丧失自己的生命来保全家人，泯灭自己的生命来保卫国家，这些都是君子所为而不需要责备的）有人说我们参透了生命，那是因为我们参透了死亡。

人生本来就是这样的,当我们参透了死亡,当我们参透了人生的真相,我们就更加不能庸庸碌碌、随波逐流,我们应该慨然而起、愤然作为:"人一辈子都在高潮、低潮中浮沉,唯有庸碌的人,生活才如死水一般。"(傅雷)"我们活着不能与草木同腐,不能醉生梦死,枉度人生,要有所作为!"(方志敏)

人生本来就是这样的,当我们尝尽了人生的酸甜苦辣,我们就应该超越自私、超越自我,把人生投入奉献、闪亮与燃烧:"即使我们是一支蜡烛,也应该'蜡炬成灰泪始干';即使我们只是一根火柴,也要在关键时刻有一次闪耀;即使我们死后尸骨都腐烂了,也要变成磷火在荒野中燃烧。"(艾青)

## 阐发精要

人生真相要敢于面对,人生滋味要敢于品尝。

> **7. 妈妈语录：**
>
> 人生不会一帆风顺，障碍到处存在。坚强的人没有怕事的。

## 语录阐发

坚强的人，不怕逆水行舟；坚强的人，不怕困难的存在；坚强的人，粉碎人生的障碍。坚强的人没有怕事的。

坚强的人没有怕事的。人生如逆水行舟，不进则退。迷茫脆弱者或恐惧于大风大浪，徘徊无度，进退失据；唯有觉悟坚强者毫不畏惧，镇定从容，忽而顺势而为，忽而逆流搏击，"自信人生二百年，会当水击三千里。"（毛泽东）

坚强的人没有怕事的。人生如一场磨炼灵魂的苦旅，困难无时不在，无处不在。迷茫脆弱者视之会畏途，胆小怕事，烦恼无休；唯有觉悟坚强者战略上藐视，视巨如微，战术上重视，视微如巨，如此直面困难，研究困难，并战而胜之。

坚强的人没有怕事的。人生也像一场跨越障碍、没有尽头的竞赛，不管你是富裕还是贫穷，衰老还是年轻，迷茫脆弱者或恐惧弃权，或落魄在后；唯有觉悟坚强者无论何时何地都要坚持比下去，他们在跨越中实现了自我的提升，他们在竞赛中实现了自我的新生。

## 阐发精要

坚强的人，不怕逆水行舟；坚强的人，不怕困难的存在；坚强的人，粉碎人生的障碍。坚强的人没有怕事的。

> 8. 妈妈语录：
>
> 人生要想有追求，就必须得有一颗坚强的心。软弱急躁都不行。

## 语录阐发

意志是成就人生追求的基础，性格是决定命运与成败的关键。只有坚强的意志，才能改造性格，才能战胜性格缺陷所带来的障碍。软弱或急躁的性格，都是一种缺陷，因此都是不行的。比较而言，软弱的性格是比急躁的性格更大的一种缺陷。当然，没有人的性格是完美无缺的，困难挫折就是磨砺意志、修炼性格的最高学府。

意志就像一种永恒的精神，它坚定固执不再转移，它闪耀燃烧不再消失，它超越死亡不再毁灭。正如意大利诗人但丁所说："意志不可摧毁，就像火的天性一样，一等障碍除去，便要恢复原状，实验一千次也不会改变。"也如德国思想家歌德所说："意志坚强的人能把世界放在手中，像揉泥块一样任意揉捏。"

英国政治家、文学家查斯特菲尔德则对软弱和急躁这两种性格与意志的互动,恰到好处地做出了其独到的分析:"如果一个人只是态度温和,而意志不坚定的话,这样的人将会变得只是和蔼可亲,但是卑躬屈膝,意志力软弱,个性消极。""如果一个人只是意志坚强,但是态度粗暴的话,这样的人将会变成粗暴而做事莽撞的人物。"

## 阐发精要

意志是成就人生追求的基础,性格是决定命运与成败的关键。

## 9. 妈妈语录：

### 听兔子叫，不用种黄豆了！

## 语录阐发

兔子是黄豆的天敌。听到兔子的叫声，难道就吓得我们不敢再种黄豆了吗？须知，挑战是最大的动力，敌人是最好的老师。什么时候都不能被挑战所吓倒，什么时候都不能被敌人所屈服。

我们具有强大的意志，具有一往无前的精神，我们要压倒一切敌人，而决不被敌人所屈服。不论在什么艰难困苦的场合，只要一息尚存，我们就要继续战斗下去。这就是我们的荣誉和使命。

我们具有强大的意志，具有一往无前的精神，我们要发扬勇敢战斗、不怕牺牲、不怕疲劳和连续作战的作风，迎接一切挑战，打败一切困难，摧垮任何敌人。这就是我们的荣誉和使命。

我们具有强大的意志，具有一往无前的精神，我们要永远站在人民一边，为人民服务，为人民而生，为人民而死，这就是我们的最高目标和最高利益。这就是我们的荣誉和使命。

我们具有强大的意志，具有一往无前的精神，我们要下定决心，不怕牺牲，排除万难，去争取最后的胜利。"成千成万的先烈，为着人民的利益，在我们的前头英勇地牺牲了，让我们高举起他们的旗帜，踏着他们的血迹前进吧！"（毛泽东）这就是我们的荣誉和使命。

## 阐发精要

挑战是最大的动力，敌人是最好的老师。什么时候都不能被挑战所吓倒，什么时候都不能被敌人所屈服。

> **10. 妈妈语录：**
>
> 狼到天边吃肉，羊到天边吃草。有能耐在哪工作都一样。

## 语录阐发

好男儿志在四方，有能耐打遍天下。从古到今，环境都是影响工作的重要因素，但不是决定性因素，影响工作的决定性因素是人本身，是人对于环境的利用和工具的利用。而人作为影响工作的决定性因素，主要是由观念、意志和才能这三大基石来支撑的——正确的观念、坚强的意志和过硬的才能，是我们的工作事业必将胜利的保障。

正确的观念。人生在世，要留一番好事业。唐宋八大家之一苏辙说："人生在世，不出一番好议论，不留一番好事业，终日饱食，无所用心，何自别于禽兽？"（人生在世，不发出一番好的议论，不留下一番好的事业，却饱食终日，无所用心，无所事事，这与禽兽有什么区别呢）

坚强的意志。百折不挠、艰苦创业，爱国人士、香港著名实业家霍英东说:"一个人要干成一番事业,其中放开眼界、抓紧时机、百折不挠、艰苦创业占百分之九十五的因素。"高尔基说:"人最凶恶的敌人,就是他意志力的薄弱和愚蠢。"

过硬的才能。一个人如果没有过硬的才能,就将虚度一生,日本艺术家铃木健二说:"人必须掌握某种才能。没有超群的技术和才能,人的一生就将虚度过去。"

## 阐发精要

好男儿志在四方,有能耐打遍天下。

## 十一 论吃饭

### 吃饭见人品

　　人从小就要吃饭，天天都要吃饭，为人父母者如果能有一个好的关于餐桌礼仪、餐桌道德的身教和言教，对于孩子良好习惯的养成和健康精神的成长一定是很重要的。人生道德修养就从餐桌道德修养开始。

## 一、吃饭要反对过分自私

吃饭是生活的头等大事，一日三餐的时刻是家庭集体聚会、就餐的时刻，反对过分自私可以从吃饭问题上开始。一个人在家里每天都发生的吃饭行为，既是其生活习惯的重复表现，也是其价值观的集中反映。

信奉个人利益至上的过分自私自利者吃饭，喜欢吃独食，只顾自己，见到好吃的就更是什么都不顾了。父母不管，孩子也不管，有朋友在场也是这样。这样的人虽然很少，但是生活中确实存在。如果让这样处处考虑自己利益的自私自利者成为一家之主，其他家人就不会有好日子过了。

与此相反，大部分人吃饭，不是只顾自己，还能顾及别人，还有集体观念、长幼观念和全局观念。见到好吃的，能够让着吃，大家不吃了，再放开肚量吃，如果没有了就算了。人生本来就不是为了吃饭而活的，吃不吃到那点好吃的，能算个什么大事呢？毕竟，"给自己吃填坑，给人家吃传名"：给自己吃，是满足自己的欲望；给人家吃，是满足别人的欲望，建立自己的人格。

## 二、人生礼仪道德修养就从餐桌礼仪道德修养开始

站有站相,坐有坐相,吃也有吃相。毋庸讳言,自私过度、无所顾忌者的吃相,也是相当丑陋的:可桌子乱找,满盘子乱翻;好吃的拽跟前,不好吃的推一边;埋着头吃饭,对着人剔牙;吃包子扔角,吃馒头剥皮——这些,什么时候都不是好吃相、好习惯。吃相源于家教,家教养成习惯,这和文化、财富的关系并不大。

人从小就要吃饭,天天都要吃饭,为人父母者如果能有一个好的关于餐桌礼仪、餐桌道德的身教和言教,对于孩子良好习惯的养成和健康精神的成长一定是很重要的。人生道德修养就从餐桌道德修养开始。现在,社会发展了,时代变化了,中国人的餐桌文化也会必然发生一些相应的变化,但是中国人最基本的餐桌礼仪、餐桌道德,还是要继承下去,这是不能动摇的。

现在是物质丰富、营养过剩的时代,做菜做饭应该控制量,但剩菜剩饭也是难免的,一旦有了也不能轻易倒掉。糟蹋东西、暴殄天物,什么时候都是不对的,这样做,违反中国人根深蒂固的传统观念,也不环保。中国人的好传统是既热情好客又崇尚节约:"有心开饭店,不怕大肚汉。"这就是说:待客要心诚,做人要厚道。"吃多少都行,剩饭扔饭不行。"这就是说:浪费一粒粮食都是可耻的。

现在很多大中小学食堂，都有大规模糟蹋食物的情况发生。有的地方，一顿饭的工夫，一口大缸都快倒满了。这些孩子长大后组织自己的家庭，怎么教育孩子呢？学校的管理水平为什么这么低下呢？要知道，还有多少贫困地区的孩子营养不良，甚至还在忍饥挨饿。

有的人，参加宴会，人家的开场白还没讲完，他的筷子就敲在盘子上了，这也太没礼貌了！不尊重别人，也就是不尊重自己。我们应该教育自己的孩子，不要做这样的人。还有的人，好吃的一口接一口地吃，不好吃的一口也不吃。这样的人，在吃东西上是"爱憎分明"了，在做人的是非观念上就不那么清楚了。

"挑饭没饭吃，挑衣没衣穿。"一个挑字，尽显对物质生活的挑剔和贪婪，而挑剔和贪婪从来是不能让人尊重的。"饿了甜似蜜，不饿蜜不甜。身上无衣怨天寒，肚里没饭怨嘴馋。"缺衣少吃的日子，给老人们留下了感慨和回忆，也留下了经验和智慧。存在是第一位的，感觉是第二位的，感觉的存在依赖于客观的存在。"争着不够，让着有余。"够与不够，往往是相对的。是争是让，不仅见境界的高低，而且决定结果的好坏。"有好吃的让着吃，有累活争着干。"这就是说，吃苦要在先，享受要在后。以上这些老话才是正确的、有见识的、让人敬重的价值观。

年轻人因为工作忙，没有时间做饭，是可以理解的。但是不会做饭，也不学习做饭的本领是不可取的。艺不压人，何况做饭是生活之中一项很重要的本领和艺术呢?年轻人更不要被做饭的"复杂"所吓倒,"做饭没有十八篇的文章。"做饭有什么难的呢?只有真正的缺乏爱心与耐心的人,才学不会做饭。"不是会不会,看你干不干。"实践是最好的学校,动手是真正的法宝。

## 三、为什么家庭做饭应以老人口味为中心

现在讨论一下关于做饭的口味问题。有的年轻人做饭,只考虑自己的口味或者爱人、孩子的口味,不考虑老人的口味。老人不爱吃油炸的,她/他偏做油炸的;老人吃不了硬的,她/他偏做硬的。这样做,就太不好了!吃不到一起去,也是家庭不和谐或者小两口不接受老人一起生活的一个重要原因。孝敬应该体现在老人生前,而不是体现在老人死后。老人活着的时候,都不知道孝顺,死了之后却郑重其事地加以祭奠,氤氲笼罩、呼天抢地的,又有什么用呢?

做饭的人要考虑大家的口味,尤其是要考虑老人的口味。为什么这样呢?因为老人既是家庭中曾经做出贡献最多的人,又是现在身体健康上的弱者,他们中有的人甚至有可能已经时日无多了。而且,如果不以老人为中心,上下颠倒,长幼无序,中国人至关重要的孝敬观与家庭价值观,就会坍塌。

做饭以老人口味为中心的原因还有一条,那就是大多数老人

都过过苦日子,并不是那么挑食的。只要熟烂、卫生,他们是容易满足的。毕竟爱心和笑脸,比吃的更重要。当然,吃饭的人,也不应该总挑饭,这是对食物的尊重,也是对做饭人劳动的一个基本尊重。

## 四、吃饭问题的更多启示

在吃什么的问题上,有人酷爱吃肉,有人倡导素食。自然中有动物,也有植物,植物多,动物少。我们的吃饭也应该一样,荤素搭配,以素为主,以荤为辅,这是老天爷的安排。要读懂生活,就要读懂天书,大自然就是天书,我们的一切思想都可以从大自然那里得到启示。

在吃什么的问题上,又有人打着科学的旗号,刻意强调某些食物的养生作用,排斥另外一些受到鄙视的食物。对于极少数的患病之人,加强有针对性的食补,可以说无可厚非;对于绝大多数的健康人,这样做,不仅毫无必要,而且可能是有害无益的——打破自然界多种食物的整体性、均衡性和互补性,实在是有违天道。

吃饭在富人权贵那里讲究更多。比如,《红楼梦》里,什么汤粥糕饼、肘子鹿肉等,种类繁多,光菜名就让人眼花缭乱。相对于封建贵族的大观园,咱们老百姓就是孤陋寡闻、受人嘲笑的刘姥

## 十一、论吃饭
### 吃饭见人品

姥。自古及今,吃什么饭都是由吃饭者的阶级地位和经济地位所决定的,人类的不平等首先就是吃饭的不平等,这一点一直表现得非常突出。

中国传统的饮食文化也是一个经济宝藏,比如,开设《红楼梦》主题连锁酒楼就是完全可能的。有那么丰富而独特的菜肴作主打,有那么多美女形象作装饰,有那么好听的音乐诗歌作背景,不火都难。但是为什么没有人下大力气投资探索呢?一个最重要的原因,就是我们的酒店老板和酒店策划者,缺乏使命感,缺乏民族复兴的伟大信念,关键是不够热爱中国的古典饮食文化——只要真的爱,全身心地爱,就一定能够找到成功的方法。

聚餐有圈套,吃饭也设局。中国历史上著名的饭局有:"渑池会""鸿门宴""青梅煮酒""单刀赴会""杯酒释兵权"等,这些让人激动的历史故事,可能都是真事儿。今天,历史失去了让人激动的一面,代之以平庸肮脏的另一面:官商勾结、权钱交易的饭局,在党的十八大以前,不在少数。另外,"吃人家嘴软,拿人家手短。"在吃饭问题上,自力更生、洁身自好最重要,应当减少脆弱性,去除依赖性。

在吃饭问题上还有一个重要的启示:中国人在共同的盘子里吃菜,西方人在自己的盘子里吃饭。观念不同,方式也不一样。中国人是集体主义,西方人是个人主义。但中国人也有个人主义,米饭就盛在自己的碗里。还是中国人的观念和方式更好,是共餐与分餐的统一，是集体主义和个人主义的统一。

## 五、越是有精神追求的人，吃饭越简单

人们说，写诗见人品；我们说，饭品如人品，饭品见人品。与过分自私者只顾自己、贪图口福之乐的做法恰恰相反，越是有高尚品格，越是有精神追求的人，吃饭越简单，生活越朴素。

人民的领袖毛泽东，吃饭素以简单随意著称，平日粗茶淡饭，不吃山珍海味。在中国经济最困难的1960年，他连续7个月没吃一口肉，由于长期缺乏营养，得了浮肿病。他说："我不吃猪肉和鸡了，猪肉和鸡要出口换机器。我看有米饭，有青菜，有盐有油，就可以了。"毛泽东经常对身边工作人员说："我们活在世界上，不是为吃世界，是为改造世界。"

# 十二 论说话

## 说话长智慧

为什么同样是人，说话却有天壤之别？因为说话是一种个性，遗传不同，个性两样；因为说话是一种习惯，观念不同，习惯有别；因为说话是一种智慧，修养磨炼不同，智慧相差悬殊。

## 一、说话确实有智慧可学，有道理可讲

一个人，几天不吃饭就会饿死，几个月不说话就会非常难受。这样看来，说话对于一个人来说，就像吃饭一样，确实是非常重要的。既然是重要的，就有智慧可学，有道理可讲。

山东老家管会说话的女子叫巧妈妈。有两种巧妈妈，一种是会说话、能办事、大家喜欢的巧妈妈，一种是只会说闲话、不能办实事、叽叽喳喳的巧妈妈。今天的女孩子们，应该做第一种巧妈妈。

会说话的人，你可能喜欢他；太会说话的人，你可能就需要防备他——太会说话的人，可能是骗子，可能是坏人。最能夸夸其谈的人，也可能最会说谎。"不要轻易相信别人的话，好人不是那么多的，许多人都很自私。"现代个别人，确实存在说谎的习惯。

一个人说话，如果在一般情况下，坚持"打人不打脸，揭人不揭短""顺情说好话，少讨外人嫌"的原则，这是人之常情，是可以理解的。但是，如果见啥人说啥话，见人说人话，见鬼说鬼

## 十二、论说话
### 说话长智慧

话,心里想的和嘴上说的完全不一样,心里和嘴上都不是一条线,这样的人就太圆滑、太危险了,一定要提防他。总之,不能随便相信一个人,现在极少数人无利不起早,我们须知害人之心不可有,防人之心不可无啊!

一个人想改变自己的说话,是很难的,这和他的性格与习惯有关,也和他的遗传与文化有关,还和他的财产与地位有关。我们在生活中常常听到的是,富人谈家产,穷人扯辛酸。乞丐说话是让你可怜他,富翁说话是让你高看他。

酒桌上的话往往都不是真的,许什么愿也不会落实。"君子一言,驷马难追",这样的话在酒桌上,往往都不适用。酒是麻醉品,更是兴奋剂,喝多了,兴奋过了头,说话就没谱了。现实生活中,"说得呱呱的,尿得哗哗的",这种情况并不少见。

## 二、说话也要有一个度,这是说话的辩证法

"能吃过头饭,不说过头话。"做事要有一个度,说话也要有一个度,这是说话应该遵循的辩证法。但是,要把握住分寸火候是很难的,把握不住就会失控。

说错话是常有的事,谁能照着书说话?就是书上的话,也不一定全对。重要的话,说错了能反思,下次改正,那就很不错了。正是看到了语言的局限性,老子才说:"智者不言,言者不智。"

（懂得大道的智者不说话，说话的人不是懂得大道的智者）

好听的话不一定有用，有用的话不一定好听。良药苦口利于病，良言逆耳利于行。言如其人，人如其言。平常的说话不一定等于人品，但重要事件、重要场合的说话，一定和人品有关。

该表扬表扬，该批评批评。表扬要说多一些，要充分、要足够；批评要说少一些，但是要深刻、要到位。这就是刘少奇同志所说的："成绩要讲够，缺点要讲透"的主要意思。

批评别人是常有的，批评自己却是很少见的。人的眼睛都长在前面，容易看见别人的错，不容易看见自己的错。这样，别人的缺点被放大了，自己的缺点被缩小了。

笑话别人也是常有的。很多时候，笑话别人，是为了娱乐自己。但这种娱乐有时候也是有风险的，老辈常说："笑话人，招人；招到身上，不如人。"总是笑话别人，让大脑处在各种各样的缺点的包围中，让这些缺点如影随形，终究会破坏自己的人生。

韩非子说："君子不蔽人之美，不言人之恶。"（君子不掩盖别人的优点，不议论别人的缺点）金无足赤，人无完人，每个人都有自己的优点和缺点。说自己主要说缺点，说别人主要说优点，这才是团结人的好方法，这样做也能使自己的思想心灵得到净化提升，人际关系取得改善进步。

"信言不美，美言不信。"（真实的话不美妙，美妙的话不真实）"越是粗粮，越是有营养；越是大白话，越是有味道。"工人农民说的话，往往真切自然，朴实动听。知识分子如果放下架子，和工人农民打成一片，聊到一起去，生活到一起去，他的人生一定会增长很多见识，他的智慧一定会得到很大提高。

## 三、要理解和把握说话的几种特殊情况

"好话说三遍，鸡狗不喜见。"这只是一般性的说法。普通的、没有什么太大意义的好话，说一遍可能就够了，絮叨絮叨确实可能让人厌烦；但是真正有意义的好话，说三遍，说三十遍，说三百遍，也还不够，比如，"孩子啊，咱们说什么也不能干坏事！"就是这样一句让人受用一辈子的好话。

有人说："人老奸，马老滑"，这么说是不好听的。阅历丰富又热心助人的老人们，怎么是奸，怎么是滑呢？那都是人生难得的智慧。老人突出强调的，大多是老人总结出来的宝贵经验。年轻人尊敬老人，是道德的要求，也是学习的需要。

姜还是老的辣，"家有一老，如有一宝"，"不听老人言，吃亏在眼前"，这么说就对了。年轻人有热情、有干劲，老年人有智慧、有经验，二者结合起来，那就更容易成功。

对怀孕的妇女或者抱着孩子的妇女，过去那些没有文化的老人常说这样一句话："孩子啊，千万离打仗、骂人的地方远点。"这就是中国民间真正的简单易行的胎教与早教。

真心的话就一定是好话吗？也不一定，关键看他那颗心，是好心还是坏心，是善心还是恶心，是利己之心还是利他之心。大灰狼对小白兔说："我要吃了你！"这些真心话，就不是什么好话。

花言巧语哄不倒清醒的人，流言蜚语吓不倒坚强的人。真相终究是真相，谎言终究是谎言，真的假不了，假的真不了。"谎言重复一千遍就是真理"，这是恶人的"真理"，一切清醒的中国人都应该透视这样的"真理"，鄙视这样的"真理"。

"听锣听声，听话听音"，"弹琴知音，谈话知心"，"秤能称轻重，话能量人心"。谈话确实可以长学问、知人心。但是，如果对方不是同道，不是可以深交之人，就可能话不投机半句多了。"话多有失，失多伤身。不是一路人，尽量少说话。"

## 四、读好书就是同许多高尚的人谈话

除了人与人之间说话交谈之外，读书也是一种交谈，读好书就是同许多高尚的人谈话。这样的谈话，使人充实，使人精明，使人的知识、个性、习惯、气质、思想、品德得到提高。

说话要有思想、有见识，行动要有毅力、能坚持，努力做到言行一致、表里如一。这就是《周易》上所说的"君子以言有物，而行有恒"（君子说话要有内容，行为要持之以恒），告诉我们的道理。

## 十二、论说话
### 说话长智慧

《周易》这部中华民族老祖宗给我们留下的经典,还启示我们这样的道理:最强大的力量是什么?是团结一致,共同向前;最美好的语言是什么?是同心同德,生死相知——"二人同心,其利断金;同心之言,其嗅如兰。"(二人团结同心,行动就像利刃能截断金属;同心同德的语言,就像兰草一样高雅芬芳)

孔子认为,君子对于自己的言行,不能马虎对待。君子一定要定下一个名分,说出来的道理才能够行得通。名分不正,说起话来就不顺当合理,说话不顺当合理,事情也就办不成,正所谓"名不正则言不顺,言不顺则事不成"。

说话要谨慎,行动要敏捷,正所谓"君子欲讷于言而敏于行。"这是孔子所说的君子之道。说话要慢,要三思而后说,不可信口开河,否则祸从口出,误了大事;办事要快,要敏锐果敢、雷厉风行,不可拖泥带水,否则优柔寡断,贻误战机。

孔子还说:"君子不以言举人,不以人废言。"这句话的大意是:选拔人才时,仅凭他的言谈就提拔他,是不对的,还要考察他的品德和实际才能;听取意见时,只要是正确的意见就应该采纳,而不能拘泥于他的人品、地位如何。

中国古代的思想家墨子则说:"志不强者智不达,言不信者行不果。"这句话的大意是:志向不定、意志不坚的人,智慧也不会充分发挥;言而无信、言行不一的人,做事不会有好结果。墨子的话在志向、意志、智慧、语言、行为与成败等诸多方面,给了我们宝贵的启示。

人有善恶，话有益害。"貌言华也，至言实也，苦言药也，甘言疾也。"语出《史记·商君列传》。其意是说：虚浮不实的话，就像好看的花；深切中肯的话，就像好吃的果；苦口婆心的话，就像治病的药；甜美动听的话，就像缠身的病。

## 五、说话百态与修养磨炼

有的人说话，缺乏主见，人云亦云；有的人说话，坚定沉稳，经常有真知灼见。有的人说话，见风使舵，曲意逢迎；有的人说话，不卑不亢，让人感到不可冒犯。

有的人说话，忽高忽低，没深没浅；有的人说话，内容节奏都让人感到舒服自然。有的人说话，喜欢挑刺，过于尖刻；有的人说话，朴实厚道，不会经常把别人的错误挂在嘴边。

有的人说话，遮三捂四，躲躲闪闪；有的人说话，大方从容，勇于面对一切责难。有的人说话，喜欢吹牛，喜欢吹得个没边没沿；有的人说话，实事求是，不急不躁，做起事来也有板有眼。

有的人说话，华而不实，哗众取宠；有的人说话，朴实无华，无意于炫耀与表演。有的人尽说空话，不办实事，动动嘴行，动真格的就不行了；有的人不说空话，只办实事，这样的人让我们深信："好汉不卖嘴。"十个空谈家，也抵不上一个实干家。

## 十二、论说话
### 说话长智慧

　　为什么同样是人,说话却有天壤之别?因为说话是一种个性,遗传不同,个性两样;因为说话是一种习惯,观念不同,习惯有别;因为说话是一种智慧,修养磨炼不同,智慧相差悬殊。

　　急于表达,可能为将;善于总结,方可为帅。一个人,不修不炼,就会流于平常;只有修养磨炼,才有可能取得更大的成功。毛泽东的成功,就是主动加强修养磨炼的成功。

　　毛泽东是令世人折服的语言大师,他说话深入浅出、通俗易懂、风趣幽默、富于哲理,这是他个性遗传的必然体现,更是他学习实践的必然结果——通过言语的修养磨炼,他提升了自己的智慧;通过言语的修养磨炼,他战胜了不良的习惯;通过言语的修养磨炼,他完善了伟大的个性与人生。

# 附录一:丈夫传记

| 妈妈语录论人生 |

# 栾继斌传

## ——一个抗美援朝残疾军人的伟大一生

### 封淑翠 著

栾继斌在朝鲜

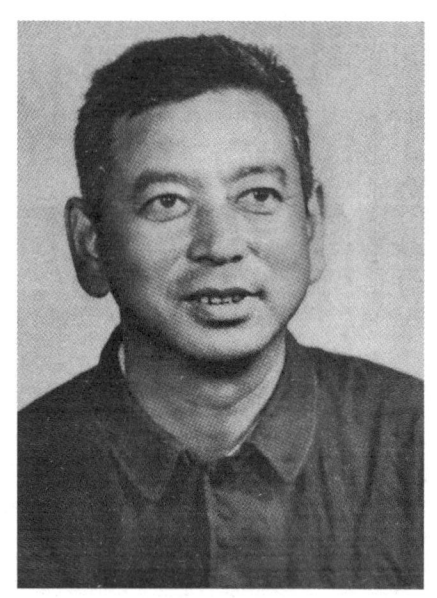

老年栾继斌

附录一：丈夫传记

# 题　记

栾继斌，我的伟大的丈夫，又是五个孩子的伟大的父亲，也是他父母伟大的儿子！他不仅是一个爱家的人，同样是一个爱国者，一个身残志不残的、了不起的中国人民抗美援朝志愿军军人！

他用他一生的艰难困苦、出生入死与坚忍不拔，他用他一生的自力更生、勤劳奋斗与辛苦劳累，他用他一生的孝顺仁义、大气勇气与无私奉献，证明了这样一件事：中国人的传统美德是伟大的！中国人的精神情感是神圣的！

因此，作为他的妻子，我要把他的经历整理出来，留给我们俩的后代子孙们看一看、想一想，我希望中国人伟大的传统美德与精神情感，能够在我们的家族，一代一代地传下去！

1999年11月写于上海

## 一、淳朴传统，穷苦家族

栾继斌，1933年阴历四月十九出生于山东省黄县芦头公社侯家沟村，是个普通的农民的孩子。他家很穷。他的父母是旧社会有着浓厚封建思想的人：家里再穷也要多生孩子多要人。他父母生了10个孩子，5个男孩、5个女孩。他母亲娘家4个哥哥，女儿就他母亲自己。

我公公和我婆婆结婚时，我公公28岁，我婆婆才16岁。这两位老人的人生路程是艰苦的、困难的。他们的辛苦、勤劳、朴实、淳厚、仁义，影响了他们的10个孩子。虽然家里很穷，但孩子们都很懂事。栾继斌的家族思想，就是中国人最传统的、最健康的那一种。

5个儿子都念了一两年书，5个女儿一天都没念，但他们都很吃苦耐劳。我公公的名字叫栾润和，他的父亲也就是栾继斌的爷爷名字叫栾仁懋。我公公的大儿子栾继彦，二儿子栾继增，三儿子栾继思，四儿子栾继孟，五儿子就是我丈夫栾继斌。5个女儿的名字我都不知道，她们都没有大名，和那时的大多数妇女一样，出嫁后都随着自己丈夫的姓，叫什么李王氏等称呼。栾继斌的母亲姓殷，她也没有大名，就叫栾殷氏。

栾继斌的父母是种地的农民。山东是个人多地少的地方。光靠种那点地,是养不活这么一大家人的。所以他父亲就得兼着点副业。他父亲弟兄五个,各自都有自己的家。兄弟们一起兼着的副业是当喇叭匠。

现代社会把吹喇叭的称呼,改成是搞音乐、搞艺术,把吹喇叭的、演戏剧的、唱歌的、跳舞的、说相声的……凡是在戏台上表演技艺的人员,都看得特别高贵。这一高贵,名利都有了。而在100多年前,搞这些技艺的人,被看成最下等的,和讨饭吃的没有多大区别。凡是做这些事业的老前辈,不但孩子们念不起书,就是儿女娶嫁都是个大问题。可见封建社会有些思想和观念,是多么顽固不化。

这个大家族光靠种那点地和当喇叭匠,挣来的那点钱,只能够勉强生存。后来又赶上天灾,再加上喇叭匠也不太挣钱,这一大家人的生活就更困难了。再后来,又不允许当喇叭匠了。所以,他们找了一份打工的重体力活,就是做砖坯。这是种很累很累的体力劳动,从业者大多会落下腰腿疼的老毛病。

## 二、劳累童年,危险少年

在1941年左右,栾继斌的四哥,也就是栾继孟还很年轻时,在一次战斗中光荣牺牲了。我公公和我婆婆虽然有10个孩子,但这个刚开始走人生之路的儿子的过早去世，给他们的打击是巨大的。而他们又能重新站起来，没有坚强的内心，是不容易的。

这件事后，虽然自己那点地，村里给承包下来了，不用自己种；过年的时候，村里的干部还弄一帮人，敲锣打鼓，给门上挂上一个大红灯笼，送上几斤豆腐、几斤肉——但是父母难受的心情，是难以舒畅的。

年轻轻的儿子，人生刚刚开始，就为国家、为人民献出了自己最宝贵的生命，这种丧子之痛，并不是那点物资能代替的。而这一大家人还得生存下去。那时候小儿子栾继斌还不到8岁，他跟着比他大20多岁的哥哥们，每天早晨3点多钟，就去砖窑厂挖土做砖坯。为了生存，贫穷而辛苦的日子，可想而知。

从我公婆的四儿子死后，在山东又过了几年穷苦的生活。后来又赶上了天灾，这一大家老小在山东根本就活不了。为了生存，一大家大人小孩，就跑到黑龙江省通河县，还是干手工做砖坯。还不到11岁的小儿子，还是继续和他几个哥哥起早贪黑一起干。

在通河县住了两年，又搬到黑龙江省依兰县达连河镇，13岁的栾继斌就和他的哥哥们一起到达连河煤矿下井采煤了。那是一个有生命危险的工作，"四块石头夹着一块肉""吃着阳间饭，干着阴间活"。下井挖煤的重体力活干了几年后，他们又搬到依兰县城里住。

这时候栾继斌15岁了，又找了一份新活干——在依兰县林业局水上跑木排。依兰县地处松花江、牡丹江和倭肯河三条江河交汇点。才15岁的小孩，给依兰县林业局打工，从方正县高楞镇沿江流直下放木排，这又是一个极度危险的工作。木排翻滚将人翻到水下或者顺流而下的木排与木排相互撞击，造成人员伤亡的事件是很多的。

从8岁到18岁这10年间，就像成年人一样做砖坯、下矿井挖煤、沿江放木排——栾继斌的童年和少年就是这样一直处在极度的艰辛、劳累甚至是危险之中的，也可见命运的捉弄人，实在是太可怕！

## 三、抗美援朝，老人病故

1950年12月，18岁的栾继斌参军去抗美援朝。那时，他大哥栾继彦还是在依兰县砖窑厂做手工砖坯；二哥栾继增在达连河开始种地；三哥栾继思自己跑到内蒙古海拉尔市，一去就是10年——在那里也是做手工砖坯，直到1959年，才回到依兰县。几个儿子，都奔向我婆母。三哥又找到了新的工作，在依兰县养路段当修路工。干了4年，又返回山东老家种地去了。三哥今年80多岁了，身体还很好。栾继斌还有一个姐姐在内蒙古海拉尔市，也80多岁了，我婆婆和我公公10个子女，现在还活着的，就是他们两个。

从 1950 年栾继斌去当兵起，我婆婆和我公公再一次遭受了沉重的精神打击。由于有四儿子过早牺牲的先例，他们的情感所遭受的折磨，可想而知。从小儿子当兵走后，两位老人的身体一直不太好。我公公于 1958 年去世，享年 78 岁；我婆婆于 1969 年去世，享年 77 岁。

我和栾继斌于 1959 年结婚。我和我婆婆在一起生活了 10 年，她对我讲了以上这些话，这些艰苦的生活和伤感的大事。虽然这两位老人是爱国者、爱民者，又是烈属和军属，但是他们的人生路程是坎坷的、艰难的，甚至是不幸的。他们的思想是中国人最传统的、最健康的，他们的吃苦耐劳、仁义德行，令人羡慕。两位老人对大家族无私奉献，其精神让子孙后代永享不绝。

## 四、命运降临，曲折完婚

我和栾继斌是于 1959 年 7 月份结婚的。当时我在山东，他在东北，经过介绍人的介绍，就完成了婚姻大事。我和栾继斌的结合，这也许是上帝安排的吧。我今年 61 岁，但我受到我父母的思想观念影响很大，我和栾继斌没有说上 10 句话，就把婚姻大事定下来了。

对我来讲，那么大的世界，竟然没有嫁给一个完整的人！

我和我母亲光知道他是个转业军人，根本就不知道他是个残

附录一：丈夫传记

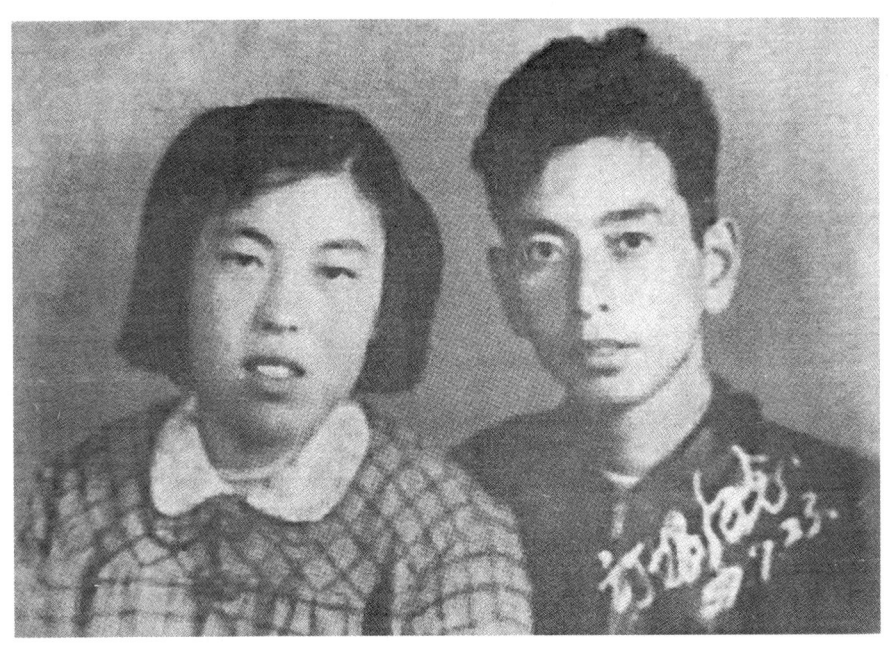

栾继斌和封淑翠结婚照

疾军人，而且残疾的程度非常严重。他的残疾军人证件上写着："右侧切除十根肋骨，右肺全切除，脊柱侧弯，走路失去平衡"。我母亲一直到去世，都不知道栾继斌是一个残疾人！因为我不忍心将这个可怕而残忍的秘密告诉她。就连栾继斌自己的母亲到死也都不知道她的小儿子，在朝鲜战场上落下了那么严重而可怕的残疾！

栾继斌1959年6月15日转业。我的介绍人，是我的好朋友，也是他家的好邻居。他老家侯家沟和我娘家老家封家村相距10里。这个介绍人就是侯家沟嫁到封家村的媳妇。我和我母亲完全相信我的这个好朋友，实际上，就连我的介绍人也不知道栾继斌是个残疾军人。在1956年，他还在军队里住院的时候，我的好朋友就给我介绍。那时候我才18岁。我的父亲还在时，他的封建思想观念更严重，一听说他父辈是喇叭匠，这门亲事根本就不同意。我父亲1958年去世，享年53岁。

我娘家也是最普通的、很穷的农民家庭，又是一大家子人。在当时我父亲去世才一年多，我母亲又常年有病，我的思想是很单纯的，我就有一个想法：赶快到东北挣点钱，好补助家里的生活。从来就没有为自己着想过。

我1959年3月认识他，到1959年7月我自己去了黑龙江省依兰县，我们于1959年8月3日领的结婚证。从山东到东北，我和栾继斌结婚一共花了103元钱，我俩就开始走自己的人生路。

想到我和他的结合，从1956年开始，就是命运在捉弄人。我一直不信命，现在我绝对服命。要不是当时我父亲的反对，我和他的结合还会提前3年。

我和他的结合，虽然有这么多曲折，但是，我们俩有一个最大的共同点，就是两个人都受到山东人最传统、最健康的思想观念的熏陶——我们尊老爱幼、不怕苦累、勤俭持家的观念，是完全一致的。

有一件事我们比长辈稍进步一点：我们生了5个孩子，而他父母10个孩子，我父母则生了9个孩子。我俩在父母跟前根本就没有机会念书,因此都没有文化,他在当兵住院时还学了一点,还能写几个斗大的字。没有文化是我俩的一大遗憾,因此我俩想,就是讨饭吃,也要叫我们的孩子们上大学,这是两个年轻人无知而天真的理想。能不能变成现实,这是后话。

## 五、负伤转业,艰难图存

现在我谈谈我和栾继斌一起走的人生路程。

栾继斌1952年6月在朝鲜石砚洞北山战役中因战负伤,伤势极为严重;负伤时所在部队为中国人民志愿军39军117师349团团部。1959年6月转业。他在朝鲜战场的枪林弹雨、出生入死的部队生活,他因美国鬼子的坦克弹片切入身躯而严重致残并在大连海军医院6年多的手术治疗住院的痛苦感受,向来没有在任何人跟前提起过。

几十年过去了,我的孩子查询资料后告诉我,在原39军吴信泉老军长写的《三十九军在朝鲜:抗美援朝战争纪实》这本书中,找到了下面这些信息:39军117师349团是一支经历过无数场恶仗的英雄部队,石岘洞北山战斗更是打得非常残酷与壮烈!多少志愿军战士在入朝参战之后,没有几个月就牺牲了,而栾继斌在朝鲜战场上打了十八九个月,期间的艰苦危险,真是可怕可敬!

栾继斌对于自己以往一切苦难而危险的经历,一直都保持着一种平淡而沉默的态度；他对于病痛折磨的坚强、对于生活百折不挠的毅力，也都让人不得不由衷佩服。

他想挑起我们两家人合一的重担，并且不想给国家添一点儿麻烦。他的这个伟大的目标，他真的达到了！一直到他去世的1985年。

转业以后，栾继斌由部队回到依兰县林业局，局领导把他安排到方正县高楞林场工地工作，当打更工人。去了一个星期，身体就受不了了。因为他在朝鲜的山上挖了一年多的山洞，做下了风湿腰痛的老毛病。一犯腰痛病，就得打一针杜冷丁，睡一天一夜的觉才能恢复正常。再加上1959年食堂里的饭都是高粱米饭，所以他就干不了。这都是朝鲜战场条件太艰苦，把胃吃坏了的结果。

打更的工作干不了，林业局把他介绍给县政府，民政局给他安排工作。民政局的领导就和他谈，根据他的身体情况，只能去电影院或剧院做个售票人员，让他考虑一下。电影院和剧院的工作时间都是晚间，他的身体状况根本受不了。因此他决定不去。后来，民政局把我介绍到劳动局，安排到一个小合作商店工作，一个月挣30元钱。我干了不到一年，婆婆生病我就不能干了。

1959年冬天他什么活也没干，每天早晨吃完饭就走，反正转业回家还有几百块钱，一冬天吃饭是没有问题的。他把转业那几百块钱交给大哥栾继彦。有时大哥问他说："小五，你整天不在家,你都干什么去了?"他说去看电影了,其实他一次也没去看电影。他就是在为自己以后的生活事业做准备。

## 六、修鞋自立,勤俭兴家

依兰县"一副食"对门有一个修鞋匠,栾继斌一冬天就在这个修鞋匠王师傅屋里,一边聊天,一边偷艺。在王师傅屋里一直待了半年多。

1960年4月份,天气刚暖和一些,他就向民政局提出要求:给他200元钱,就不用政府给他安排工作。民政局当然对他的要求很满意,因为县里的残废军人都需要国家补助,并且还需要安排工作。像栾继斌这样的人,只向政府要200元钱,就不用政府照顾,自己养活一家人,是从来没有的事。

他把200元钱拿到手,就开始到木材公司买点破板子,再买点油单纸,再买点修鞋用的工具、皮夹子、钉子,就可着这200元钱买完。大哥和三哥帮着他把小房盖好。这个小板棚离我们家有一里多地。

1960年5月份,他就开始自力更生的修鞋工作,第一天就挣2元8角钱。他是从早晨7点钟开始,直到晚上5点多钟才缝完。每天中午饭,都是我给他送去。后来顾客一天比一天多起来,他自己干不完,就得把活拿回家我俩干,经常贪黑加班,有时都到半夜。这样我也学会了修鞋。在 1960 年一个月能挣 100 多块钱，那是相当高的收入水准了。

收入初步有所改善后，又一个喜事降临了：1960 年六月初四，大女儿的出生给我们全家带来了无限的幸福。

我大女儿长得又白又胖又漂亮，尤其是会走会说话后，就更可爱了。每当听到个别山东老乡重男轻女的议论时，栾继斌就会说："我的大女儿，给十个儿子也不换！"

从有了大女儿后，我们全家人的精神生活，就升了一级。我们一共生了 5 个孩子，由大到小依序为：大女儿栾祖英、大儿子栾祖华、二儿子栾祖龙、二女儿栾祖荣、小儿子栾祖虎。

用今天的话来说，我们 5 个孩子确实都很优秀，无论长相、身高、身材、气质、谈吐、智力、才能、道德等方面，都是相当出类拔萃的。这既是我俩最大的成果，也是我俩最大的骄傲！

附录一：丈夫传记

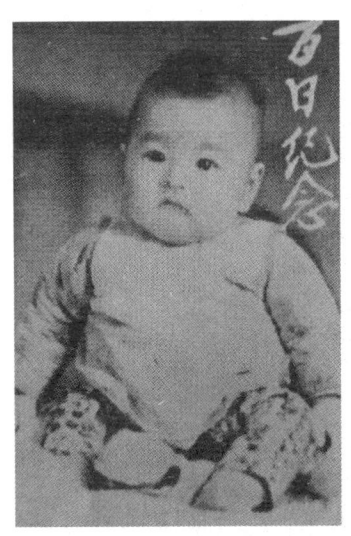
大女儿栾祖英

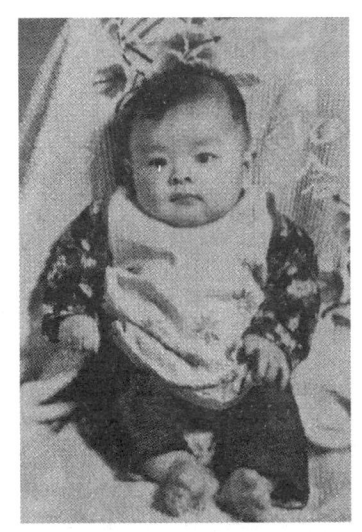
大儿子栾祖华

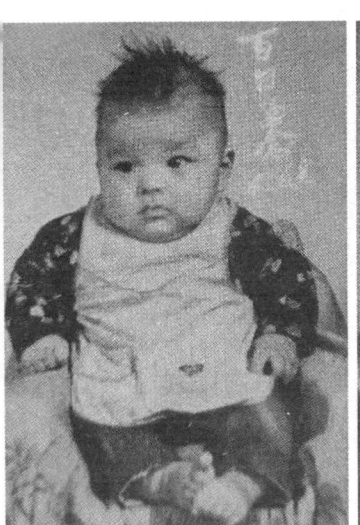
二儿子栾祖龙

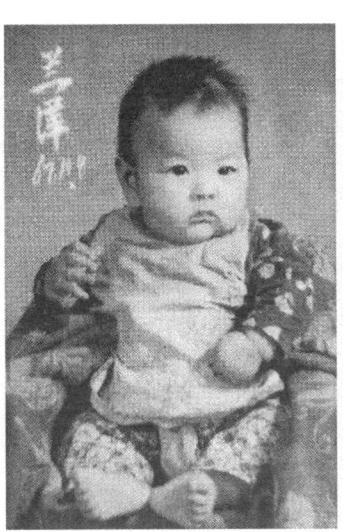
二女儿栾祖荣

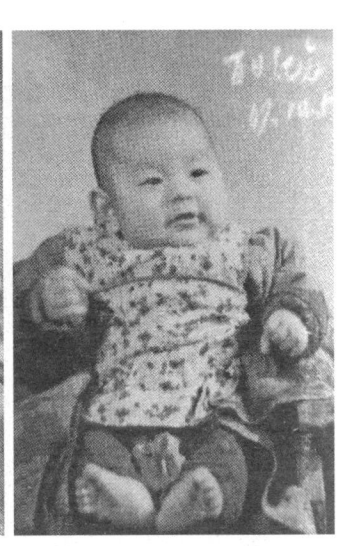
三儿子栾祖虎

五个子女少年时

五个子女成年后

附录一：丈夫传记

## 七、居住变迁，养老尽孝

栾继斌转业回到依兰县的时候，就没有自己的房子住。他虽然是1950年从依兰县林业局去当兵的，他父母在依兰县却仍然租的私人房子住。所以他当兵一走，他大哥就把两位老人送回了山东——因为山东老家气候好一些。

大哥是一个人，年轻时老婆死了，再没有娶。二哥在达连河种地，一帮孩子，自己的生活都不好维持，下面的人口倒很多很多。三哥和他姐姐在内蒙古海拉尔市。两位老人因为身体不好，回了山东，以为能好一些，结果也没有好多少。本来在依兰县租的房子住，二老一走，大哥就搬到砖窑场去住了，一住就是好几年。

栾继斌的父亲1958年去世后，就剩下他66岁的老母亲了，自己在山东，根本就不能生活。所以大哥就把他母亲送到内蒙古海拉尔市，住了一年多。1959年栾继斌一转业，就去海拉尔把他母亲接到依兰县。他们还得租房子住。五六十年代的人都很纯朴，大多数人住的房子都很小。我们租的一个大房子内，共有4家合住，一家一个屋。房东是一个姓王的老人，私房。我和婆婆在一起住了不到一年，房东就把房子卖给了我们，180块钱，这是国家一年给栾继斌的残疾军人的津贴。我们就买下这一间多一点的房子。

- 215 -

婆婆和我们合住到离我生大女儿不到一个月的时候，屋子实在是太小了，肯定住不下，婆婆就和大哥另外租房子住去了。

人穷志不短，身残志不残。栾继斌确实是一个身残志不残的人，一个毅力坚强的人，遇到困难从不低头的人。我们俩在这方面的思想观念是完全一致的，这都是山东人的好传统，正是在这样的好传统的基础上，才能尽到养老爱小的责任。

孝顺老人，并不是光有点物质就足够的，精神上孝顺也得有。如果子女能够全做到，确实是很难的事。我俩只能用点钱孝顺两家老人，精神上的孝顺我们还差很远。

当然，我们这边有任何好吃的，比如包饺子、包包子等，我们都会先给栾继斌的母亲和大哥送过去的，他们不吃上，我们一家人是不会吃的。我娘家妈妈教导我："给自己吃填坑，给人家吃传名。"栾继斌的母亲也说过："活着给口撑，别死了卖浪星。"

老人们的话是朴实而深刻的，做人不能贪婪自私、只顾自己、麻木不仁；做人在观念道理上要一通到底，在对待老人方面更要加倍尽力，在生活细节上也要坚持不移。正是因为这样，我婆婆生前和邻居们、老乡们说过无数次这样的话："我这个老儿媳妇，比亲女儿还孝顺10倍！"

我婆婆去世时，我已怀了小儿子6个月，得知她身体快不行了，我从邻居老李家借了一辆很沉的大铁车，准备拉她去医院。冬天雪地里很难走，到了大哥家，我又蹲着先给她洗脑袋、洗脚，弄得我全身大汗，起了一身大风疙瘩。但是老人还没等出门口，就去世了。

我婆婆临死前专门嘱咐我说："小五啊，我要嘱咐你几句话。你的急脾气必须得改一改：你以后干活不要不分白天黑天那么急，要不你会作病的。不过你心好，你老了时候一定会有好报的。但你一定要明白，再孝的儿女也不会替你遭罪的。"现在我想想，我婆婆说的话都应验了。我不相信迷信，但是我相信好心一定会有好报的。

## 八、飞来横祸，家产被骗

栾继斌在小板棚里干了一年多活，就不干了。原因是黑龙江的气候太冷。别说是一个残疾人，就是一个正常人，大冬天在小板棚里也干不了。我生大女儿后，不到4个月，我们就搬到离第一百货商店不远的地方住。

1961年冬天，在不下雪的情况下，每天10点钟左右，我就把修鞋的工具挑子挑到第一百货商店大门旁边，他在那里干几个小时的活。活一多点就拿回家，我俩干。一般情况，他干到下午一两点钟，我就把修鞋的工具挑子挑回家。就这样一直干到1962年冬天。

从1960年到1962年10月份，我们俩没黑夜、没白天地修鞋挣了点辛苦钱，攒下了我们全家人的生活经济基础，一共2000元钱。可谁会想到飞来横祸呢？栾继斌这个大君子，又是一个大犟种！他相信了一个"朋友"的坏主意，他母亲的话、还是他哥哥的话，他都不听。一次就叫坏人把他的2000元钱骗得分文没剩！

在1962年的2000元钱，可不是个小数字。对一个残疾人来说，两年半能攒2000元钱，这种困难与付出可想而知。除了孝顺两家老人的，我们在一切的生活方面都是很抠、很节俭的，我们的日子过得是很简朴的。因为我们都知道父辈艰苦的生活。

栾继斌常说："吃多少都行，剩饭扔饭不行。"我们家一个大米粒也不会浪费的。能攒2000元钱，我们是很知足的。如果我娘家和他家的上辈能攒2000元钱，就不用从山东跑到东北，到处奔波了。我俩这种吃苦耐劳的精神，是从各自家族传统而来，是不学而知的。

我要说一说栾继斌两年半挣来的辛苦钱叫坏人骗去的过程。

栾继斌在开始修鞋不到两个月的时候，就认识了依兰县平原乡一个三等残疾军人，姓温，叫温志，比他大个八九岁吧，两个人相处两年多，真像哥们一样。可是温志又认识了一个姓卢，叫卢荆林的人，这是一个大骗子。

卢荆林也是一个当兵的，当几年兵我不知道。栾继斌和温志都叫他的一大堆谎话给蒙住了。根本就没有想到，刚从军队转业回来的人，能是一个大骗子。他们三个人在一起，吃了几顿饭，就成了好朋友。

温志知道栾继斌修鞋攒点钱，一共2000元。这2000元钱，一下子就让卢荆林这个大骗子给骗去了。他变着花样用各种谎话说，双鸭山的大牛特别便宜。在双鸭山买一个牛，运到佳木斯，就能卖三个牛的钱。他就把老温和栾继斌的心说活了。

温志和卢荆林一块钱也没有。本来三个人做生意由栾继斌一个人拿钱，就不合理；我不同意，可栾继斌就是不听。

卢荆林去汽车站，买到双鸭山的汽车票，栾继斌和温志都没和他一起去。卢荆林自己拿着1000元钱去汽车站买汽车票，因为买汽车票是早晨起早排号去买。他说他自己带着钱去就行。可见栾继斌这个人是多么实在，又是多么容易轻信人！在当天卢荆林就骗去1000元。

他对栾继斌和温志说，他在军队里就得了个抽风病，一犯抽风病，就躺在地上，什么事都不懂，就叫小偷把外衣兜里的1000元掏去了。当时我就劝栾继斌不要再干了，可是他怎么都不听。可见30年代长起来的人，是多么好骗。

卢荆林真是个大骗子！第二天一大早，三个人一起去汽车站买的当天去双鸭山的汽车票，买大牛的2000元钱，就剩下1000元。三个人到双鸭山农村，到处找卖大牛的，总算找到了，就买了，300元一头牛，3头牛900块。他们想给700块，三个人还得留下吃饭和路费钱。他们想直接把牛运到佳木斯卖完再回双鸭山，把买大牛欠的200元钱再还给卖牛人。可是，买牛的钱刚交完，还没有牵走牛，当地工商局管理所的人就来把牛扣下了。

到现在栾继斌和温志才明白，这一切的骗局都是卢荆林一个人设下的圈套。等回到自己的家，一个钱也没有了。卢荆林这个大骗子，在双鸭山当天就跑掉了。他不光是骗栾继武一个人，还骗了好多人。他跑了不多日子，就叫公安局抓住了，判了4年有期徒刑。

## 九、艰辛困苦，东山再起

这一个飞来的横祸，给栾继斌这个残疾人精神和经济上的双重打击，是可想而知的。在双鸭山小旅馆里住了两宿，终于又站起来了。我相信有他父母坚强的遗传基因，他一定能再站起来。

从1962年10月份，他的全部家产让坏人骗去后，我们全家人的生活是很困难的。我们艰难的日子就从头开始。1962年10月底，栾继斌到处找生存的路。他找到一个复员军人叫冯信。

冯信是一个好人。两个人合伙，熏肉、熏干豆腐、熏鸡蛋、熏鸡、熏鱼，熏完后晚间八九点钟，借别人的小门市卖。有时卖到半夜12点，有时后半夜2点钟才回家。冯信的妻子和我都在家里，忙这点生意。

在1959年到1963年国家经济困难的时候，无论吃的、穿的，都是非常困难的。为经营我们两家这点小生意,就得到农村去购买货物。猪肉、黄豆、鸡都非常不好买。所以后来就不能干了。

我们两家忙了半年多,除吃之外,一共挣了180元钱,一家分90元钱,钱分得不多,但煮猪肉的油却分得不少——一家分两坛子油。在1958年到1963年之间,这两小坛子油是很值钱的。

1963年二月初七,大儿子出生,给我们全家老小又带来了无限的幸福。生活再艰难,对栾继斌这个残疾人来说,有个儿子、有个女儿,子女双全,在精神上是非常高兴的。

1963年4月份,民政局给他安排看烈士塔,一个月挣30块钱。看半年,冬天太冷,就不看了。1963年冬天待一冬,什么活也没干。到1964年春天,又在第一百货商店大门旁边,开始干修鞋的活。干半年后,我们家就时来运转了,这也许也是上天的安排吧。从1962年10月我们的家产叫姓卢的骗去后,我们的生活相当困难。我现在一想都很后怕。

从1959年转业到1964年,这5年的困难生活,让栾继斌的身体非常不好,伤口几乎每年都复发。国家有规定,一年去军队医院复查一次。他看病的医院在辽宁大连旅顺。

栾继斌顽强的生命力,是让人佩服的。和他一起转业的、一起住院的好多战友,保持联络的有好几个,祖国各地都有,没过上5个年头,都不在了。再加上1959年到1963年的全国困难,别说是残疾人,就是健康人,也饿死不少;而栾继斌依然顽强地活着——不仅活着，他还要为这个小家庭和大家族，干活、拼命、奋斗！

## 十、时来运转，分得门脸

我以上说过，我们时来运转了，其原因是我们有了新房子。栾继斌1960年用他一年的残疾津贴，买来了一间多点的房子。大女儿出世不到4个月，依兰县第三街街道办事处要办托儿所，要用我们的房子。因为我们租的房子，是5间大瓦房，都是私人的，又在街道办事处的旁边。一个街道有上千户人家，所以街长要借我们5家合住的这5间又高又大的砖瓦房办托儿所，是很容易的事。在60年代的人是很爱国的，不像现在的人那么自私。

栾继斌就和街长提一点要求，让街长多给找一间房子，因为他的68岁的母亲，需要我们照顾，我婆婆就和我们重新住到一起了。这是我们全家人最高兴的事。

可能是托儿所不挣钱的原因，这我不太清楚，反正街道托儿所和商业托儿所合并了，商业托儿所自己盖的新托儿所，就不借我们5家合住的这5间瓦房了，房子还给了我们。一间多点的房子，我们全家6口人根本住不下。街长帮忙，民政局也帮着找。后来，依兰县房产科给了一间多点的小草房，房子质量虽然不好，但地点却是非常好，是第二百货商店斜对面的门市房。

附录一：丈夫传记

当时第二百货商店所在的位置，就是依兰县最繁华、最热闹的中心了。这个小门脸房对我们家修鞋这点小生意是很重要的，有了这间房，栾继斌就再也不用流动修鞋、冬天挨冻了，生意也因此稳定很多。

在 1964 年 11 月 10 号我们搬的家。大哥和婆婆就搬到我们 1960 年买的一间多点的房里去住，一直住到娘俩去世。我们从 1964 年底搬到这一间多点的小草房里——正是在这个作为门脸的小草房里，我一直陪伴栾继斌养家糊口 21 年。我们 5 个孩子对于家的记忆，主要也就集中在这间小草房里。

搬家后又开始修鞋。一个县城里干修鞋的人很多，光"二百"跟前就有 5 家修鞋的。虽然在屋里烧着火炉，勉强能维持全家人的生活，可是我们受到旧思想观念影响，再穷也要多生孩子多要人的想法并没有改变。

1965 年正月二十七，我们第二个儿子出世。二儿子和大女儿一样，长得又白又胖又漂亮，很多人见了真是喜欢得不得了，我们都不敢抱到门口去，一抱到门口就围满了人看，大家都逗我们说："老栾啊，你们不用再修鞋了，直接抱展览馆卖门票就够吃的了！"听到那么多人夸我们的孩子，我们当然很高兴。但是后来也有不高兴的事情发生了。

因为人口增多，我们全家人的生活更加困难了。栾继斌的身体状况也随着过度的劳累而每况愈下了。本来受伤后的他，身体的右侧肋骨一根也没有了，因而把胃和肝脏都压迫在腹腔下，因劳累过度导致了进一步的瘀血和肝硬化。再加上右侧肺全部切除，他的残疾非常严重，影响身体、伤害健康，又造成肺心病、心率过速。

他的身体已经一年不如一年，但是为了养活我们这个小家，也为接济照顾我们双方两个大家族那么多的穷亲戚，他一如既往、拼尽性命地坚持干下去。婚后一起生活奋斗那么多年，我从来没有听到过他对于干活的任何不满、烦躁与后悔。

必须说明的是，栾继斌母亲的生活有大哥扶持一部分。我们有3个孩子后，才开始要求政府给一点补助。我们5口人，每个月民政局给补助25元钱，光靠这点钱生活下去是很困难的。我在家里，喂几头猪，一年挣几百块钱，去掉孝顺两家的老人，生活仍然很困难。

从1962年我就开始喂猪，每年最少喂两头肥猪、两窝小猪。一直喂到1975年，5个孩子日渐长大住不下了，我们把喂猪的地盖了房子，后来就喂一两头肥猪。

1967年五月二十三，我们第二个女儿出世，6口人每个月30元钱。1969年五月十二，我的小儿子出世，7口人生活费有所增加，全家人每个月生活费47元5角钱。

1969年二月十四，栾继斌的母亲去世，享年77岁。他母亲去世，给我们全家人很大打击。我婆婆那么坎坷的人生经历，能活到 77 岁也就是她那坚强的毅力给她的寿命。他母亲的死给他精神上的打击，一年多后才缓过去了。

到 1971 年，我们家不论精神上还是经济上都有好转。在经济上，我们花 280 元钱，买了一台旧的缝补鞋的缝纫机。我们全家人的生活问题，从此基本有我自己就能全部解决了，我们俩挣的钱还有剩余。从 1971 年到 1981 年，又干 10 个年头，光缝鞋机我就用坏了好几台。

后来我们花 6000 元钱，又买了两间砖瓦房，准备给 3 个儿子住。可见栾继斌在东北和他父母几十年间都没有房子住，给他留下的遗憾多么深刻。房子能不能留给儿子住，那是后话。以上我说过，我们家不论精神上，还是经济上，从 1971 年我买了缝纫机起，一切事就算顺利。5 个孩子都很懂事。有句俗话说：穷人的孩子早当家，确实有道理，尤其我的大女儿更是这样。

我的大女儿从 8 岁起，就是我们家的小顶梁柱和小办事员。她整天看着小弟弟妹妹们，另外她还负责购买全家的日常琐碎的生活用品，甚至到民政局、粮食局等单位需要办理的事情，都交给她联络处理。就连她自己数次转学，都是自己办理的。

她从 13 岁起就开始领着大弟和二弟（当时我大儿 10 岁，我二儿 8 岁），每年冬天都起早捡煤核，大多在凌晨三四点钟就已经起床干活，有些时候甚至我大女儿自己两点钟就起来去"抢"煤核了。每年秋天她都领着大弟和二弟，上离家 10 多里地的山上去打烧柴。上山的路是很难走的，要走很长很长且有时也很陡的盘山道。打烧柴的活一直干到她18岁高中毕业。孩子们省下的煤钱是小事，但他们的勤快、勇敢和懂事，给我俩精神上的幸福是很大的。

说到这里，我要说一下我们家的日常生活与作息时间。我们孩子上学到校一般都是最早的，大概6点，他们就已经坐在教室里复习功课了。我们家早晨5点吃上现包的饺子、包子，是经常的事。栾继斌身体不好，因此我俩一个心思，就是让孩子们一定要吃得好一点，吃得棒棒的，学习干活才能有劲。无论多忙，一有空我就准备饭，因此我们孩子的吃饭从来都是很及时的，到家都是饭等着孩子。

我们的修鞋铺子也是最早开、最晚关，无论节假日甚至过春节，年三十、年初一也不休息。活多时我俩干到半夜是太平常的了。为了适应这种非常紧张的生活，栾继斌还养成了一个很独特的睡眠习惯，那就是白天个别时候不忙时，他就告诉我他要睡15分钟，真的就睡15分钟后，不用叫他自己就醒来了，说睡得很好，得到了休息。当然，这也可能是他在朝鲜战场上就已经养成的好习惯了。

说实话，这么紧张的生活，我一个正常人这样连黑带白地干，还好说些；栾继斌一个残疾人，这么劳累过度，对他身体的伤害自然是可怕、残酷而致命的。要不他就不能走得那么早！

今天想想，栾继斌是一个太可怜，也太了不起的人！我不能不觉得，人生命运对于他来说真的是太不公平了！孩子们长大了、有出息了，他却一天福也没有享受到！

还要补充一点，生活虽然是艰苦的，活也总是很多很多，但是我们家的热情与好客在县里仍然是出了名的，经常有亲戚朋友在我们家吃饭，我们家的气氛大多是忙碌而热烈的。

同时，我们邻居之间的关系也很好，尤其是和我们的近邻老李家之间，来往频繁。除了邻居，我们家的朋友：李桂清、李桂兰大家族，卢丙飞、车雪琦家，关系也很好，互相帮助，走动很多。

那个年代的人，大都是正直朴实、勤劳乐观、知恩图报的人，相互之间的信任感和人情味，确实不是今天的人能比的。

今天再次回想到这些事，我又觉得，人生命运对于栾继斌来说也许也算是有所回报吧，毕竟那么多的亲戚、朋友、邻居、老乡，无人不认可、无人不公认的一句话就是："栾继斌，那可确实是一个好人啊！"有这句话也就够了！

人生百年能够留下的，还有什么比道德、比名声更重要的呢？

## 十一、娘家小弟，情同父子

1971年，我娘家的小弟，从山东来到我们家，给我们全家人精神上带来了新的幸福。栾继斌的一生，虽然自己家的亲属很多，但关系最好的,是我娘家哥和小弟,尤其是和我小弟。我小弟名叫封兆君。

人的感情并不是短暂时间就能融洽起来的。栾继斌和封兆君的感情能如此深,也是有缘。那是从1959年,我和栾继斌第一次见面开始的。27岁的他和我7岁的小弟一起吃了一顿饭。我母亲和她未来的女婿就吃过这一顿饭。

1967年4月12日,我母亲去世,享年57岁。因为从1957年起,山东省农村基本都吃大食堂,都不让在家吃饭,都得到大饭厅去吃饭。到1958年春天才让从食堂买回自己家里吃。无论谁家,来多么高级的客人,也没有锅做饭,锅都拿走"大炼钢铁"去了。

栾继斌他们村离我们村10里地。

他在自己村里食堂买了两个玉米面的大饼子,带到我的介绍人家里,我的介绍人家有4个孩子。玉米面的大饼子,带到她家里,不可能再拿出来了。这些孩子看见玉米面的大饼子,就像看见最高级的大蛋糕那样喜欢。可想而知孩子们生活是多么困难。

我们村是靠山吃山,基本是地瓜和水果为主,主食是地瓜,副食是水果。我们村的大食堂,是地瓜为主。栾继斌到我们家里,时间已经是吃中午饭的时候。我们一家5口人的饭,就是地瓜和玉米面糊糊粥。

这点地瓜和糊糊粥,只能让给栾继斌和我母亲、小弟吃。他们三个人在东屋一起吃,我和我嫂子在西屋吃。其实我们在西屋,

## 附录一：丈夫传记

根本就没有饭，地瓜和糊糊粥都没有，只有野菜。

我小弟虽然是不到6周岁的孩子，先天发育不足，后天又缺营养，长得很小，但精神头很大。我小弟和栾继斌吃一顿饭的工夫，就给我母亲提出意见说："这个人太瘦，我姐看好，我不看好。"他提的意见没有生效。

后来我才想，这三个人虽然吃一顿饭，但三个人的思想斗争是多么复杂。我母亲有心脏病、高血压，没看出来栾继斌是个残疾人。我母亲一直到去世，都不知道栾继斌是一个负伤极其严重的残疾军人！

我不忍心将这个可怕而残忍的秘密告诉她。就连栾继斌自己的母亲到死也都不知道她的小儿子，在朝鲜战场上落下了那么严重而可怕的残疾！

我小弟确实命不好，我父亲1958年去世时，小弟毛岁才6岁；我母亲1967年去世时，小弟15岁。我小弟虽然岁数小，但很懂事。用他的话说，滴水之恩，要用涌泉相报。

他经常对别人说："我虽然父母去世早，但我父母的爱由我姐夫和我姐给补上了。"实质的关系是姐夫和内弟，可是在感情上确实和骨肉没有什么两样。由于年龄差距很大，又加上我小弟已是孤儿来奔，我和栾继斌对我小弟非常体贴疼爱。而我小弟对我们家的恩情，后边再说。

我小弟从山东来到我们家，他是一个很懂事的人，更是一个吃苦耐劳的人。他在依兰县住了 4 个年头，县里的累活几乎干遍了。一直干临时工。工程队干建筑，采石场推石头，江北抬大木，粮库烘干粮，石灰窑撮石灰，木榀厂拉大锯……

一直干到 1974 年，县政府劳动局分配一批正式学徒工，才把他分配到依兰镇工程队当木工，6 个月转正。转正后县里征兵，1975 年当兵去了。

以上说过我们家虽然过了一段幸福生活，家境也比以前强，但是栾继斌的劳累依然没有减。他总是起早贪黑、家里家外忙乎。因为劳累过度，身体状况就一年不如一年。

在 1973 年冬，也可能是劳累过度，连同感冒引起了一场大病，一天晚上半夜 11 点，栾继斌犯了高血压病，屋里 40 瓦电灯泡，他 40 多分钟都看不见。这可把我们吓坏了。多亏我小弟在我们家，才把栾继斌最好的一个朋友从他家找来，把栾继斌送到医院，住了几天院才恢复正常。

1975 年我小弟去当兵，这一走给他的打击很重。因为他俩的感情可以说和骨肉情是一样的。

封兆君和栾继斌在一起，他们相互喜欢、相互照顾，过了 4 个年头。这 4 年里，无论我们家的大活小活，我小弟都一点不保留，抢着干。我们这一大家关系的融洽，是外人难以想象的。

我小弟去当兵的兵种是消防兵，在黑龙江省大兴安岭加格达奇市。从 1975 年到 1982 年才调到哈尔滨市消防局。他当兵后很短的时间就转干了。他挣的那点可怜的津贴,多半给我们花了。

我小弟结婚很晚,1984年结婚。我弟妹在铁路系统工作。我小弟结婚,把自己全部家产——176元8角钱,全都交给我弟妹。看来比我们结婚时还多70多元。

从1982年冬天,栾继斌一直住院,住到1985年10月24日阴历九月十一去世。从住院起,县民政局每个月给我30元护理费。大女儿、大儿子各自挣30多元钱,根本不够自己开销。我还有两个念书的孩子。

小女儿1985年考上北京财贸学院,小儿子1987年考上北京大学。我这两个孩子上大学,给我小弟加重了经济负担。

我小弟的爱人和孩子是很纯朴的。我还多说两句话,我弟妹非常好,对于我们家,我小弟无论精神上,还是经济上都是全力以赴地帮助我们。

我小弟有我父母最健康、最传统的思想观念,尊老爱小、无私奉献。一直到两个孩子大学毕业,他的经济重担才真正减轻。

封兆君和栾继斌的思想观念是一致的,都是爱国者,也是爱家者,更是大孝子。

## 十二、打击迭至,兄友过世

栾继斌是我婆婆的第10个孩子,排行是最小的。老儿子本来

可能有的娇气，他却一点都没有。非但如此，从他成年以后，他就一直是他们那个家族真正的顶梁柱。

他从当兵第一天起，不管部队一个月给多少钱，他每个月就留下一块钱，剩下的全部邮寄给他的老父老母。他在军队经受了9年多的风风雨雨，对自己父母的孝心从来没减，爱国的心从来没减。

从1959年转业到1980年他因伤致残的瘀血、肝硬化、肺心病、心率过速等，国家评定残疾等级把他从二等甲升到一等残废军人。无论当兵还是转业，他都是一个地道的爱国者。每次选最好的残疾军人代表，无论是县里、区里，还是省里，没有一次不选他的。

他一直坚持自力更生，光靠国家补助那点钱，根本就不够生存。从1980年起，他的身体好坏无常是有多种原因的，伤口发作、劳累过度、精神上的打击都有了。

1960年栾继斌在市场上买鱼，认识了一个朋友，是一个第一批抗美援朝的三等甲级残疾军人，叫韩国祥。他是大修厂的机工。他俩本来都是残疾军人，一个买鱼，一个卖鱼，一交谈，就特别有共同语言。

韩国祥比栾继斌大9岁。他俩是经过20个年头的、同甘共苦的最好的朋友。我们称呼他老韩大哥。

老韩大哥也是一大家人，他有高血压病，从大修厂早退了，国家照顾他。像他这样轻微的残疾军人，一个县城里有很多。县水产社有一大帮人专门下江打鱼，一共有10多个人，都是对国家有点功劳的人。老韩大哥是渔业队的组长。从1960年起，无论是开江鱼还是过年鱼，全都是老韩大哥给的，他家都不吃，也得先送给我们家。老韩大哥常来我家，也经常在我家吃饭。

1980年韩国祥犯脑出血，突然去世，享年57岁。本来从我小弟当兵，就给栾继斌一次精神上的打击，身体更不好。这一次他最好的朋友，一生中相处20个年头、感情最深的好朋友，突然的死，给他打击非常沉重。

同年七月初四，比栾继斌大21岁的大哥栾继彦去世，享年69岁。他父母虽然10个孩子，但感情最深的就是大哥和小弟。大哥干了一辈子苦力活，在砖瓦窑退休，劳累过度，腰痛、腿痛，后来得了肝硬化，虽经数月医治，但终于救治无效去世了。

大哥的去世，给栾继斌精神上的打击最沉重。别说是一个一等残疾军人，就是一个正常人也受不了。尤其他这个山东人，一直有着非常重感情的传统观念。这一连串的打击，甚至使我们全家人都深受影响。

我大女儿1977年高中毕业，一边干工作，一边学电大英语。1982年电大毕业。1982年8月结婚。儿女婚嫁都是父母的大喜事。1983年11月，我大女儿生了个大胖女孩，非常聪明可爱，给我们全家人增添了很多快乐。

我们的三个大孩子，都有工作干，只剩下小四和小五念书。这也是栾继斌劳累 24 年的成果。以上我说过，我们的 5 个孩子都比较听话，没有给我们找大麻烦，我们还算知足。

在栾继斌死前 3 个月，在我小女儿接到大学录取通知书后的一个月，我就把我们一生挣下的房子卖掉，卖了 11000 元，为的是让栾继斌知道我们全家人的生存和供两个孩子上大学的钱是有保证的，为了让他走得放心。

## 十三、住院三年，受尽痛苦

我这一辈子不信神，也不信鬼。有时候自己也弄不明白，反正我小时候父母总教导我们：人绝对不能有害人的心，如果你想害人，早晚是害了自己。我和栾继斌过了 26 个年头，我们俩没有一点害人之心。

所以栾继斌这么严重的残疾，又总是处在过度劳累之中，医院的院长和大夫们都说："栾继斌这个半个身体的人，能活到 53 岁，真是太可以了，这是他们两口子心好的结果，这也是他妻子精心照料的结果。"

从结婚到栾继斌去世，一共 26 年，为了多给他补充点营养并且适应他的胃，我们两口子一直吃两样饭。

栾继斌在刚转业的前 3 年到 5 年的时间里，每年去一次旅顺医院复查。凡是以前认识他的大夫、护士们都和他开玩笑，说："你还没死啊！"栾继斌也开玩笑，说："你们都死了，我也不死！"他们都是些很实在、很真诚的人，所以相处7年，都是好朋友。

从1973年栾继斌犯高血压病住依兰医院起，医院的老大夫们和护士们对他印象都很好，后来我们家不论大人孩子，不论看病还是住院，都得到很好的对待。栾继斌在1983年到1985年，这将近三年的时间基本上长住医院。

在严重的时候，我一个人是护理不了的。在这个关键时候，还得人多。我虽然5个孩子，还有一个大女婿也经常来看望他，为他按摩缓解病痛；但是为了生存，大孩子得工作，小孩子得上学，还是忙不过来。在栾继斌去世的前两年里，最需要人的时候，他二哥家的两个侄子也来帮忙。

这两个侄子都在离依兰50里地的达连河镇种地。

大侄子栾祖清，比我还大两岁，血压忽高忽低，我找他的时候就少很多。栾祖清是一个一辈子正直廉洁的共产党员，他说过"金钱是粪土，忠义是一生"这样的话。他先是当了很多年大队长，后来又当敬老院院长，没有贪污过一分钱。

二侄子栾祖明，比我小两岁，在需要时，就找他来，随叫随到。尤其在1984年和1985年的冬天，二侄子两口子经常换班来，一住就是十几天，有时他们自己一大家人都顾不上。

1984年的冬天特别冷，我二侄媳在我家住了半个多月，没有回家看孩子，当时达连河正流行感冒，作为一个妻子和四个孩子的母亲，心情可想而知。

当然，这也是将心比心的结果。我和栾继斌对于达连河几十口人的照顾，是外人难以想象的。我们之间的感情，远远超过一般的叔侄关系，现在关系也很好。

那时候，我们家就好像是一个公共大食堂和大旅店。达连河几十口人进城来，都把这当成自己的家，甚至他们这几十口人的亲戚朋友都来我家吃饭。对于达连河这些亲戚，无论现金、粮食、衣物甚至咸菜，等等，我们都是竭尽全力来支持他们的，而那时候我们根本就谈不上富裕。

不仅如此，但凡一有特殊需要，比如他们的孩子生急病、大病，需要到外地治疗，都会得到我们的及时帮助，没钱的时候我们借钱也要全力以赴地满足他们的需要。至于他们在我们家吃住个十天半月的，那都是常有的小事。

人生用人的时候，就是有病的时候。再就是到老了，要死的时候。如果能得病就死，那该多好。可是大多数人，不能如愿。

这不是我说厌世的气话，实在是因为栾继斌住院所遭受的痛苦和折磨太多、也太残酷，我就不列举了。

栾继斌这个因残致死、因过度劳累而死的人，一住医院就是3年。虽然我5个孩子，再加上一个大女婿，人手还是不够用。大儿子不上班时，经常住在医院陪护他爸。从1984年到1985年，我的小儿子小老虎，在上高中的时候，基本就是上午上课，下午在医院护理他爸。我5个孩子，小老虎是最小的，大多数人都对最小的有点特殊的爱，我们也是这样，我俩最疼他。

我的小女儿考上大学，走了59天后，栾继斌去世。我没有给小女儿去电报，因为北京离依兰太远，因此没有告诉她。

小女儿长到19岁，从没有离开过父母。又懂事又漂亮的小女儿一走，对他爸打击很大。栾继斌知道他的人生路程很快就要走到尽头了。他在这59天里，几乎天天都掉眼泪，天天都拿着他小女儿从北京寄回来的照片看。

他自己想到，可能再也看不到他的小女儿了！他难受的心情可想而知。

后来，孩子们大学毕业有出息了，为了他们辛苦累死的父亲却一天福也没有享受上。

## 十四、美德精神，代代传扬

1985年10月24号早晨4点钟，老栾去世，给我们全家人的精神打击太大了。尤其我的小儿子，根本就不能接受这个现实。他几乎不明白，他爸是不是真的死了。

他的精神有时错乱颠倒。在他爸死后一个多月的时间里，是冬天最冷的时候。我的小老虎，不到17岁的孩子，有时在零下30

多度的情况下，爬到西山上，腰里带着斧头，看着他爸的坟。

他在山上一待就是几个小时，想他爸。他一个冬天没有念书的心。在他爸没死之前，他一口酒也不喝，别人喝酒，他很反感。从他爸死后开始喝酒。现在有时喝得多一点，我有点生气，又有时特别心痛。我的小儿特别懂事，他对父母、对手足，确实超出一般正常人。

1998年1月，我的小儿出了一本书，书名叫《大生命哲学说》。

我的小儿在这本书的序言中写道：

"自我有生，即受父母之种种慈爱。及我有智，更承父母之勤勇正气，哺育精神。追思我亡父，以抗美援朝惨负重残之身，经营生计，竭力撑持，仁勇做人。

"与我慈母数十年协力同心，极勤极苦，极韧极猛，以期抚养我辈，振兴家族，无悔人生！何曾有时间汲汲于享乐？何曾有追求受主于自私？何曾有一人能令我父母愧疚不安？

"至于其开朗豁达，充实活跃，极和敬德被邻里，极中正无人敢恨，竭全力周济亲朋，不惟各自受禀于纯正深厚之血统，得助于朴实热诚之古风，更是其无私无畏之精神激越充沛使之然！

"以此观之，吾父吾母，虽为中国寻常之百姓，文化有限，财力单薄，而因其做人之力度、精神之品位，我岂可不以至伟至大之生命称颂之！"

# 附录一：丈夫传记

我的小儿在这本书的扉页题记上写着："祭献亡父和一切像神一样生过、爱过、奋斗过的中国人！"

我理解孩子的意思，他是在说他的爸爸栾继斌，就是这样的一个大生命者，就是一个像神一样生过、爱过、奋斗过的中国人！

栾继斌，我伟大的丈夫，又是5个孩子伟大的父亲，也是他父母伟大的儿子！他不仅是一个爱家的人，同样是一个爱国者，一个身残志不残的、了不起的中国人民抗美援朝志愿军军人！

他用他一生的艰难困苦、出生入死与坚忍不拔，他用他一生的自力更生、勤劳奋斗与辛苦劳累过度，他用他一生的孝顺仁义、大气勇气与无私奉献，证明了这样一件事：中国人的传统美德是伟大的！中国人的精神情感是神圣的！

因此，作为栾继斌的妻子，我要把他的传记整理出来，留给我们俩的后代子孙们看一看、想一想，我希望中国人伟大的传统美德与精神情感，能够在我们的家族，一代一代地传下去！

附录二：父母传记

# 父母传记

封淑翠 著

父亲封明伦

母亲封齐氏

## 题 记

我想我的父母,

也想让子孙后代了解他们的前辈,

我要简单地写一下我父母的生平。

## 一、四世同堂：爷爷壮年不续娶

我想我的父母，也想让子孙后代了解他们的前辈，我要简单地写一下我父母的生平。

我太祖父封元英，他有三个儿子、两个女儿。我祖父封仁智是老大，我二爷爷叫封仁绍，我三爷爷叫封仁亲，我大姑奶奶是王封氏，我二姑奶奶是韩封氏。

100年前，中国人的封建思想观念是浓厚的。我们是山东人，我们家就是四世同堂的大家族。我母亲一结婚，就进入42口人在一起生活的大家庭。

我家祖辈，基本都是最普通的农民，靠种地为生，生活不富裕，也不太穷，就算一般吧。我爷爷生了七个儿子；我二爷爷生两个儿子、一个女儿；我三爷爷生了三个女儿、一个儿子。下辈各多少个子孙，我不清楚，反正一共42口人在一起生活。

我爷爷36岁那年，我奶奶生第七个儿子，在分娩时去世，享年32岁。我奶奶的去世，给我爷爷精神上的打击可想而知。我奶奶去世时，我父亲不到两周岁。

我36岁的爷爷，为了活下来的这三个儿子不受继母虐待，就再也没续娶。我爷爷的无私与毅力，让他的后代们受益，并激励我父亲为这个家族的生存兴旺而努力。

关心我爷爷的人，就是两个婶子，她们各有自己的孩子，就是关心也是心有余而力不足。对我父亲好一点的人，就是我小姑奶奶。

我小姑奶奶的婆家，离我们村3里地，旧社会的儿媳妇也不是能随便回娘家的。我小姑奶奶回娘家的时候，先会给我父亲洗洗全身的衣服，再叮嘱好好吃饭。

以上内容，都是我小姑奶奶来我家时，给我讲的。我那时大概只有五六岁，人虽小，但记忆力很好。小姑奶奶一来，我就护持、缠着她，我喜欢她，她也喜欢我。本来家族的历史应该是由我父母给我讲的，但是他们太忙了，为了生存，根本就没有时间给我讲。

我父亲叫封明伦，生于1905年五月十六（阴历）。我母亲姓齐，生于1910年腊月初二，那时候的妇女没有大名，嫁入封家，就叫封齐氏。

## 二、既忠且孝：父亲独闯为家族

我父亲的童年非常苦。家里穷，又没有妈妈照顾。

他的两个哥哥都比他大不少，我大伯比他大10多岁，我二伯比他大10岁。我大伯名封明理，我二伯名封明祥，我父亲名封明伦。据我小姑奶奶说，我父亲虽然人家管他叫三哥，但实际上他是排行第六的，他上面死了几个孩子。

我大伯结婚很早，他家的大女儿比我母亲才小一岁。我大伯家两个儿子、两个女儿。他们都在北京生活。我1991年来北京时见过其中的二哥、二嫂和大嫂，他们人品都很好，对人也很热情。我二爷爷家的大儿子也在北京，二儿子在沈阳。他们具体干什么工作，我就不清楚了。

我二伯结婚也很早，他结了三次婚，前两房妻子都是病死的，第三房妻子才生两个女儿、一个儿子。二伯自己身体也很不好，大概是有严重的肺结核病，39岁的一天夜里，就突然病死在床上。

我爷爷是这个大家族的总的当家人，我二奶奶是这个大家族里面的当家人。到我父亲这一辈儿，就不光是靠种地为生。

我父亲十几岁，就和我们村七八个人，去俄罗斯海参崴做生意。这些人中有他最好的朋友封锡仟、封仁众，他们都比他大10多岁。我父亲很能吃苦；虽然在童年没得到多少关心，没念几年书，但我父亲特别聪明。因为多年和俄罗斯人做生意，他的俄语说得非常好。

我父亲是个大孝子，又是一个忠诚的儿子。无论他在东北挣多少钱，每到年终，必须回老家把挣来的钱，全部交给我爷爷。

几十口人的生活费，全都由我爷爷来管，吃的、穿的、住的。不管哪个家庭的儿子还是孙子，在结婚前，都得盖房子。这个大家族几乎每年都有几起子孙嫁娶的事，花费自然是必须的。

我父亲虽然钱是挣得最多的，远远超过其他人，但是人口这么多，多少钱也是很容易花没了。

我奶奶死得早，我爷爷为了三个儿子就再也没有娶，确实不容易。三个儿子能够孝敬老人，能够做忠诚的儿子，我想我爷爷一定会安心一些。

听我妈妈说，大年三十的整个夜里，三个儿子都守着我爷爷过，没有回自己屋里的。不过，实事求是地说，还是我父亲是最孝顺的，也是出力最多的。大伯后来去了北京，二伯又早亡，家族真正的顶梁柱，自然就是我父亲了。

## 三、巨变分家：大灾大病失众亲

我父亲1928年结婚，当时23岁，我母亲18岁（虚岁）。他们事先没有见过面，是媒人介绍的。结婚几个月我母亲怀孕后，他把我母亲留在这个几十口人的大家庭里，就去俄罗斯挣钱去了。

我母亲在这个大家族里基本就是当仆人。旧社会虐待妇女，在生活上也不公平，一年到头吃的两样饭。我母亲和我两个姑奶奶一样，也是不能随便回娘家的。

我姥姥家距离我们村，走山路3里地，走大路5里地。我姥姥家和我们村一样都是山多地少的地方。那个时候山东妇女都把脚裹成小脚，就是随便回娘家，我母亲也不能走。整天都没白没黑地劳累，除了我姥姥家有特殊事或者是有人生病，我二奶奶才允许我母亲回娘家住几天。

我母亲的祖辈也是普通农民，也是靠种地为生。山多地少的地方，光靠那点地是不够生存的，还得兼着点副业。

我姥姥家也是一个大家族，但没有像我爷爷那样都聚到一起生活。我姥姥家族的男人们，都是半工半农的教员和中医先生。他们家的旧社会封建思想也很浓，儿子都能够念几年书，女儿就是能够念起书，也不让念。

我姥爷是教师，他五个女儿、一个儿子。儿子3岁时就死了，什么病，我不清楚。我母亲是二女儿，我大姨比我母亲大5岁。我大姨结婚也很早。

在1929年到1933年正在战乱的情况下，我母亲结婚几个月，我父亲就去俄罗斯挣钱去了，一去就是3年多，不但没有回家，就连音信也没有。可想而知，这两位老人这3年多的孤独生活，是多么难熬与可怕。

1929年我母亲生我大哥。我大哥3岁多，没有见到我父亲，直到1933年交通通畅，我父亲才从俄罗斯回老家。在龙口码头一下海船，我父亲买了好多玩具。可是他没有想到，他的大儿子在此前3个多月，得中毒性痢疾死了。在那个年代，医学落后，如果是现在，一个中毒性痢疾，是死不了人的。

我父亲一到家，我大哥已经没了。我大哥的死，给我父母精神上的打击非常大。我父亲把从俄罗斯挣来的钱，一分不留全部交给我爷爷后，再也不想离开这个家。从此，我父母在这个几十口人的大家庭里又生活了3年多，我父亲在这3年里也没有去俄罗斯挣钱。

1934年十月十五（阴历），他们第二个儿子的出世，给我爷爷、给我父母精神上的幸福是无限的。1935年是我父母大灾大难的一年。这一年我爷爷去世，享年62岁。我爷爷一死，这个大家族的当家人没了，就只能分家了。

我父亲虽然在俄罗斯做了10多年生意，钱确实没少挣，但所有的钱都已经放在了大家族里，是这个大家族真正的名副其实的顶梁柱，可是一分家，我父母的生活非常困难。

这一年我父母在感情上和经济上都遭受了巨大的打击。

1935年，山东省流行一种闹嗓子的传染病，死人非常快。我姥姥42岁，我三姨18岁，我四姨15岁，我五姨12岁，我二伯家里的一个7岁的女儿、一个5岁的女儿，6个人都是闹嗓子病死的。同一年，我爷爷和我二伯也去世了。

我母亲娘家就剩下我姥爷和我大姨两个亲人。一年内死了这么多亲人，我父母所受的打击可想而知。

如果我父母没有山东人的坚强毅力，是不容易站起来的。我父母封建思想观念浓厚，生活再困难也要多要人，人就是他们的精神支柱。

1937年，我大姨父去世，我父母的经济压力更大了。因为我姥爷没有力量负担我大姨娘俩的生活，所以我父母就把我大姨娘俩接到我们家，住了3年多。后来我们家的生活实在太困难，我大姨才改嫁。在这3年多时间里，我大姨娘俩的一切生活，全是我父母负责。我大姨改嫁后，她们娘俩很幸福。我大姨1997年去世，享年92岁。

1937年三月二十三（阴历），我大姐出世，给我父母带来了幸福之光。

本来光靠那点地种的粮不够生存，一有天灾，生活更困难。

我父母长年兼着点小生意。我父母是非常吃苦耐劳的人，而且干活的脾气又那么急，家里的生存压力又那么大，所以导致他们二位老人一辈子都没有过过像正常人一样舒舒服服地休息的日子。

1939年腊月初二，我父母的第4个孩子出世，这第4个孩子就是我。

我母亲说，我一生下来是最白最胖的，但是六七个月内，我父亲一眼都没看我，可见那时候重男轻女的观念是多么严重。再说，生个女儿脸儿冲外，是个赔钱货，一旦出嫁，一年的细粮就不用吃了，都得陪送了。

1942年，我母亲生第5个孩子，我这个弟弟4岁时突然得了猩红热，从发现有病到去世，只用了几个小时。我母亲整天为生存忙碌，实在难以更好地照顾好孩子。我父母深受打击。

后来所生的第6个孩子和第7个孩子，都活一周岁时得急性肠炎而死。急性肠炎死孩子，非常快，医学落后，再加上没有条件，得不到治疗都死了。从1945年到1948年，一连串死3个儿子，对我父母来讲，真是命运多舛。

再补充一下我姥爷的情况。1945年三月初五，我姥爷去世，享年66岁。他得的是急性痢疾，从得病到死，一共10天。从1935年，我姥姥和我三个姨死后，我姥爷除了我大姨家和我们家，各家一年住几天，大部分时间是自己过。

我姥爷虽有好几个侄子，但在那多灾多难的日子里，谁也顾不上谁。我姥爷在这10天病重里，全是我大姨和我母亲白天黑夜护理，我母亲还得来回两家跑，我们兄妹4个都太小。

我父亲每天都挑着担子，不是去买就是去卖，做那点小生意，整年劳累。我姥爷去世那年，我们家一点存粮也没有。我父亲出去一天挣来的钱，在集上能买几斤粮就买几斤粮。有时候挣的钱多点，就多买几斤。总之，我们挨饿的时候太多。有点粮食，基本就是我们几个孩子吃。我父母就是以野菜为主。

我们每天吃的饭，都是我母亲抱着磨棍，自己推磨。从大家分到小家，我母亲就是自己抱着磨棍推磨磨面。一直到翻身以后，我父亲才买一个小毛驴。

我姥爷去世那年的天灾太严重。我姥爷死后，他家就剩下一缸干地瓜叶。我可怜的姥爷，在他死的头天晚上，和我母亲说他不乐意死，老天爷哪怕再让他活5年也行。好死不如赖活着，确实是这样。

我姥爷去世给我母亲的精神打击非常大，再加上艰难的生活，我母亲的身体状况很不好。

她每天都头痛，脸总是通红通红的，现在想来就是严重的高血压，当时没有条件确诊、治疗、吃药。心脏也很不好，经常跳得很不正常，应该是过度劳累、缺乏睡眠和营养所致。她30多岁就全身痛。我记得有一次，说是胃痛，具体是哪痛，我也不知道。反正在当时，我母亲有病的症状是很吓人的，大汗珠子不停地往下掉。后来叫我们村里的一个中医大夫给治好了。

我父母的身体如此不健康，也是因为童年艰难的生活和一连串儿的精神打击造成的，都是命运在捉弄人。

从1958年我父亲去世，我母亲依然为生存挣扎，虽然她的身体状况很不好，但她的辛苦劳累依然没减。

在那么辛苦劳累的生活中，我母亲对老人，对丈夫，对孩子，都是非常关心照顾的。记得我们小时候，夏天非常热，山村里的蚊子又很多，晚上睡觉时，她就拿着扇子不停地给我们扇，什么时候我醒了一看，她还在那儿扇。我母亲睡的觉实在是太少了，有时候好几天都没睡觉，尤其是在孩子生病期间。多少次我都发现她的眼皮都困得走形了，那她也一直坚持着。

## 四、奋斗不止：小小生意求生存

我父母有中国人最传统、最健康的思想观念：人一定要有吃苦耐劳的精神，一定要尽到敬老爱幼的义务，一定要让良好的道德品质影响后代。

1950年六月二十八（阴历），我母亲生第8个孩子。1953年五月二十九（阴历），我母亲生第9个孩子，也就是我小弟。我父母共生9个孩子，6个男孩，3个女孩，活下来的只有4个，两个男孩、两个女孩。

我父母的孩子都很懂事，我姐姐从12岁开始，我们全家人的衣服基本不用我母亲做。我哥哥和我，都是这个家庭的主劳力。我虽然是个女孩，但是从小都是顶男孩用的。

我小弟的孝顺、懂事、聪明，也是非常突出的。给有病的爹爹的蛋糕，怎么劝他都不吃，我父亲死后一个月他都说不出话，哭得太厉害了，而当时他只有4周岁。

从1935年大家分成小家起，除了种那点地外，基本就是我父亲长年在外面，挑着担子，东奔西跑做点倒买倒卖的小生意。我们全家7口人，1949年前就一亩半地，不做点小生意，根本就不够吃。就是中华人民共和国成立后，翻了身，政府给我家又分了一亩半地，生活上还是很紧张。

我听我母亲讲,有一年我父亲倒卖海里边的虾米,买进的虾米都是湿的。买回家没几天,还没有卖,就全捂了。我母亲就得把虾米拿到院外四周没有墙的场地,晾晒好几天,才能晾干。

有一天后半夜两点多钟,我母亲给我父亲做完饭,我父亲吃完饭就走了。我母亲就把装虾米的筐子,拿到屋外放开晾。弄几个椅子、凳子,再拿几块破板子,把虾米围起来。我母亲就拿个小板凳,在旁边坐着,守着虾米,怕下雨浇了。她整天和我父亲忙那点倒买倒卖的小生意,也特别累。一帮孩子都小,谁也帮不上忙。她坐在旁边守着虾米,怕下雨浇了又怕有人偷。

刚坐下一会儿,我母亲就处在似睡非睡、打瞌睡的状态,围虾米的桌子、凳子,轰的一声倒下好几个。我母亲本来自己在屋外就害怕,那时候没有电,山村里半夜黑洞洞的,本来就很吓人,桌子、凳子这一响,可把我母亲吓坏了。她跑到屋里,把门插上,再也不敢出来看虾米。从此以后,我母亲再也不敢夜间自己在屋外干活。

我听我母亲讲,她小时候山上的狼经常进村,不但黑天进村,白天有时也进村。我们家就靠着山脚,农村人一般都怕狼。我母亲认为把桌子和凳子推倒的,就是狼。她当时没有敢看,就往屋里跑。后来我父亲就不倒卖虾米,又开始倒卖大枣。卖了一阵大枣后,又改行了。

我父母开始生绿豆芽卖。我们家的大瓮底儿都有眼儿,都是我母亲生绿豆芽用的。等我记事时,我父亲收购杏核,回家我母亲用手工加工成杏仁儿，我父亲再卖。

总之，我父母从大家分到小家，各种各样的小生意一直没有停过。

那时候，我父亲出去做生意，经常带的是玉米面饼子，我母亲总是嘱咐他到城里饭店吃个热乎的"烩儿"，就是让饭店给热一下，两毛钱就给几片肉，一毛钱就用肉汤给热一下。但是我父亲一次都舍不得吃。他太顾家了，只要有点余钱，他就买点小杂鱼，回来和老婆孩子一起吃。为此，我母亲还很不满意。

说到这些小生意，必须一提的是：我母亲的速算能力极其惊人！

不管十六两一斤的秤，卖多少或者买多少东西，谁家的算盘都没有我母亲的心算、口算快，这个事整个封家村没有不知道的。就是入了合作社，到了秋收时候分粮食、分地瓜、分烧柴，只要我母亲到场，村里的会计都会立刻就把算盘收起来，等着我母亲给报结果。

不仅如此，我母亲的记忆能力也是极其惊人的！

全家人一年到头的开销和收入，无论多少笔，到年三十的时候做个总结，她都能记得清清楚楚、丝毫不差。

可惜的是，我母亲极其特殊的速算能力和记忆能力，到现在我们家没有接班的人了。

以上说的是我母亲的特殊智力情况，其实她并没有上过一天学，连个大名都没有。

在孩子教育方面，她的话经常是朴实深刻、简短有力、容易记住的，真正影响了我们这些孩子的一生，到今天我还记得她说的很多"名言"。

比如教育我们不自私的话："给自己吃填坑，给人家吃传名""争着不够，让着有余""有好吃的让着吃，有累活争着干"；比如教育我们不要害怕活有多难的话："做饭没有十八篇的文章""世上无难事，只要肯专心""眼是草鸡蛋，手为好汉"……

我母亲这样教育我们，她自己更是这样做的，就连要饭的到我们家，没有一个不是被让进屋里，吃饱再走的。

我哥哥、我小弟也包括我，成家之后对对方老人的孝顺，不论物质上还是精神上，基本上都竭尽全力了。这都是我父母的身教和我母亲言教的结果。

## 五、躲过冰雹：心好感动天和地

山东省是山多地少的地方，我觉得我童年时的天灾比现在多。我记得我小时候有好几次大的天灾，庄稼不是旱死，就是下冰雹打死，要不就有一种怪虫咬死。

在我六七岁的时候，有一年秋天的一个下午，老天爷下了场很大的冰雹，把所有的庄稼都砸死。本来我们家的地就很少，一

## 附录二：父母传记

年种地得到的粮食，只能够半年吃。只有我父母兼着点倒买倒卖的小生意，才能维持生存。我一想那次下大冰雹，就特别害怕。

我们周围的小村庄，那次下冰雹打死好几个人。我父亲正是那天早晨两点多钟，挑着担子，出去收购杏核。不管去买还是去卖，他都是很晚才回家。那次下冰雹，给我印象最深。

上午就下大雨，天就和每次下雨不一样，打雷、闪电都有异常。到下午更是昏天地暗，天全黄了，眼看就要下大冰雹，我们全家人都为我父亲担心。我母亲开始大喊大叫，求求老天爷让我父亲平安到家。我们几个孩子哭成一团。

就在这个紧要关头，我父亲突然进屋。他肩上的担子，还没有落地，外面的大冰雹，就下了起来。

那次的冰雹，有小饭碗那么大的个。我们村里六七十岁的老人都说第一次经历。每家房子上的瓦都打碎很多。

我父亲能躲过这一次天灾，最后我归结原因，就是我父母心太好，他们一辈子没做一点亏心事。我母亲认为，那次上午没有下冰雹，等到下午才下，就是等我父亲平安到家。

有一件同样神奇赶巧的事儿，50多年后，在我老儿子家又一次发生了。有一天早晨四五点钟，我老儿子家后院邻居家儿媳妇起来给小孩热奶，煤气罐突然爆炸起火。眼看着火焰借着风力就要冲过来了，没有任何征兆，老天突降大雨，就把他家的大火和我们家隔离开了。

我老儿子打电话叫来消防队,等他家的火一灭,雨也非常赶巧地立刻就停了。那天我小弟领着他的儿子也在我们家,他们也亲眼看到了这一切。

这个邻居家男主人是一个经常做手术的医生,收费很高,但医疗纠纷、债务纠纷不断。我总觉得人不能干坏事,恶有恶报,善有善报,我现在也一直相信这个道理是一个真理。

## 六、读书扫盲:姐姐离去梦成空

1946年翻身后,我们家分了一些地,如果没有天灾时,基本自己家的地种的粮食够生存,但没有支付穿衣和琐碎的日常费用的钱。

1946年冬天,我父亲学打各种手工小铁钉。那时我8岁,每天半夜两点钟起床,给我父亲拉风箱、烧炉子,我父亲打铁钉。等我哥哥15岁时,起早干打钉子的活,只用我俩就能完成了。

现在想一想,我们家的孩子除了干活之外,也谈不上有什么童年和少年。

我哥哥白天就去离我们村7里地的村去念书。我哥哥从8岁上小学,一直断断续续地念了4年书吧。

我父亲的思想观念:再穷儿子也得上几年学,女儿是不可能让上学的。我父亲的思想观念不特殊,山东人大多数都是这种想法。

我姥爷家也是很大一个大家族，但他家不像我们家几十口人在一起生活，他们都是各过各的生活，我姥姥家的男孩子，都读很多年书，女孩子也不让读书。

1953年，全国农村开始扫除文盲。

儿子可以念几年书，女儿是不可能让上学的。别说念不起书，就是念得起书，我父亲的观点也是女子无才便是德。我父亲抱着这种怪思想，怎么还可能让女儿念书呢？

可是国家提倡扫盲，就不会听我父亲的安排。凡是10岁到35岁的妇女，一律都得晚间上夜校，学习文化，不去不行。我姐姐16岁，我14岁，1953年冬天每天晚7点到学校学习，11点下课。

我们村里有150个左右扫盲妇女，晚间借学校的教室上课。我的启蒙老师姓姚，叫姚常友，他是我哥的好朋友，比我哥大个四五岁吧。在这100多个学员里，每次测验，我都是第一。

我的老师就动员我母亲和我哥哥，说我是个人才，不应该耽误我的前途。经过老师的说合，我母亲本来就和我父亲的观点不同，我母亲和我哥哥都同意我上学了。后来我父亲也同意我上学了。1954年春天，我终于上学了，插到三年级里去。我念到1954年冬天，就不念了。

这不到一年时间的小学，叫我终身遗憾。因为我如果不上小学，和我姐姐一起作个伴儿，上夜校，我姐就不会死，我父亲也能多活几年。我一上小学，我姐晚间就自己上夜校了，她本来胆儿就非常小，最害怕谁家死人的事。

1954年冬天，我们邻居家有一个小男孩得了一种急病，突然死去。我因为白天上学，晚间我姐就自己去上夜校。每天半夜下课自己回家，必须路过死孩子这家门前。

一天晚上我姐放学再晚点，我姐一走到死孩子家门前，一害怕就出了一身冷汗。她一进屋，就喝半瓢凉水，就把经血激没了。据当时的中医大夫讲，是干血痨。那个年代医学落后，如果是现在根本就不会死的。

从1954年冬天，我父母就给我姐姐治病，我们全家人的精神寄托就是把我姐姐的病治好。我和我哥哥都不念书，把家里的钱都用到给我姐姐治病上。一直治了两年多，也没有治好。不但我不能上学，就连我哥哥再也没上学。

1956年三月二十三日（阴历），我姐姐去世，那天正是她19岁的生日。我姐姐的死，给我们全家人的精神打击太大了，尤其是对于我父亲。

我父亲本来就命苦，不到两周岁就没有母亲，每天都吃高粱面大饼子，边吃边哭，作下来的胃病。我记事起，我父亲吃一口高粱面大饼子，喝一口高粱米粥，就胃痛。

我姐姐的死，给我父亲精神上的打击可想而知，他几乎站不起来了，每天都在哭。

从此以后，我父亲没有一天像我姐姐没死的时候那么精神。在这点上，我父亲的坚强毅力不如我母亲。我母亲的精神注意力先转到我们兄妹四个身上来了。

1957年十月十八（阴历），我哥哥结婚。结婚应该是父母的大喜事，但我父亲仍然处在他大女儿死去的悲痛里。从我姐姐死，我父亲就有病，但一直没有影响他干活。

我哥哥结婚那天，就是我母亲更坚强些，想起来她那不幸早死的大女儿，也实在忍不住，撕心裂肺地大哭了一场。

我父母的艰辛生活，现在我都不敢想，一想太难受。

## 七、父母去世：留下儿女永追忆

我父亲从1957年冬天病重，肝硬化、腹水，在黄县城医院住了几天院。大夫们都说治不好，动员患者家属说，没有治的价值了。1958年二月初四早4点钟，我父亲去世，享年53岁。

我父亲的去世，给我们全家人的精神打击太大了。当时我小弟6岁，小妹9岁。在我姐姐死不到两年的时间我父亲又去世，给我母亲这一连串儿的精神打击是可想而知的。

我母亲和我父亲一样，都是急性子人，所以在日常干活方面，他们配合得很好。为了生存，我父母根本不能和正常人一样工作休息，他们只能拼命地干活。

我母亲一辈子生了9个孩子，没有像其他妇女一样生完孩子坐月子；正好相反，生了孩子后马上和常人一样干活。所以得了一身病，心脏不好，高血压，腰腿痛。

从我记事起，我母亲一年到头，脑神经痛，腿脚也经常是肿的。我记得有一年，具体哪一年我记不清，反正有一年，我母亲腿痛，基本不能走路，两条腿全是大筋疙瘩，后来怎样治好的我不记得，那时候我还很小。

父母双全的生活，我过了18年。

1949年中国穷人翻身，1956年组织互助组，1957年山东农村吃大锅饭，都到大饭堂里去吃饭。1958年大跃进，又大搞人民公社，在这两个运动中，山东省的农民都红红火火地跟着集体。

我母亲虽然一身的病，但依然和正常人一样干活。她每天都得上山去拔一篓子野菜，如果不交一篓子野菜给大食堂，食堂的管理人员就不卖玉米面和野菜做的大饼子给社员。我母亲整天为玉米面粥和菜团子挣命，如果能吃饱还可以，其实根本就吃不饱。

1957年，我哥哥在青岛港务局打工，是半工半农的工人。如果干得好，就能转正为正式工人。我哥哥干得非常好，但因为我母亲身体状况很不好，家里人老的老、小的小，港务局的工作难以做下去了。再赶上1958年到1963年全中国普遍缺粮食，全国人民都挨饿，我们山东更比别处严重。

1957年，我和我嫂子起早贪黑在生产队干一年活，去掉那点口粮，到年终，我俩还剩 8 块 5 角钱。1957 年还算不错，每个劳动日是两角钱。1958 年到 1963 年，每个整劳力，每天才挣 5 分钱。如果不干活，每天那几两粮食，就不分给社员。别说咱们没钱买粮，就是有钱，也买不到粮食。

1960 年到 1962 年，我在东北给我母亲邮来可怜的一点钱，这也是竭尽我所能。我哥哥拿着我捎来的那几个钱，到集上去买的花生皮回家充饥。幸亏如此，才没饿死。

挨饿最严重的时候，我母亲和我哥哥把枕头里边的谷壳都吃掉。吃完后，把胃膜、肠膜都拉破了。我母亲和我哥哥吃掉人不该吃的东西，两个人都便血，可见命大。

现在一想父母的人生路程，我特别心酸。

我母亲之所以在这 5 年里死里逃生，就因为她有坚定的传统观念，她的精神支柱就是人。

从 1957 年到 1967 年这 10 年里，我母亲把能干的活都干遍了。有时候在生产队里干活，有时候社员家生孩子，接生医生的活我母亲也做。听我母亲讲，我们家在山上的那些被石头隔开的一小块一小块的地，都是她怀着我的时候，一天也没有休息，一点一点开出来的。总之，我母亲什么累活都干过。

后来她的一只手指上生一个毒疮，没有条件治，造成那一只手残废，只能在家里看她的两个孙子。

那个时候我已经在东北了，她都没告诉我；要是告诉我，消炎药和止痛药我都会立刻给她邮回去的,她就不会痛得一宿一宿睡不着觉了。后来我回老家,看见我母亲那只胳膊都收缩了,她才告诉我,有的时候都痛得休克了。

听我二大娘讲,从我离开山东老家起,我母亲几乎天天到山上看一次海船,嘴里嘟囔着,这次我女儿在海船里,回来了。遗憾的是,她基本上都没猜对。

从1959年我去东北,到我母亲去世之前,我从黑龙江一共回山东老家两次,在那个时代就已经是竭尽所能了,实在没有办法。

第一次回家,是1962年,我背着大女儿,怀着大儿子;第二次是1967年,背着二儿子,怀着小女儿。两次回家,我都晕车得很厉害,每次还带着几十斤的粮食和礼物。

1967年年初,我母亲得了脑血栓,医治无效,于同年四月十二(阴历)去世,享年57岁。

我母亲的去世,给她子女精神上的打击是非常沉重的。尤其我们一想到父母的病,都是辛苦艰难、过度劳累的生活造成的,是有病没有条件治病造成的,是为了养育我们长大成人造成的,我们心里就特别难受!

我想我的父母,也想让子孙后代了解他们的前辈,所以我简单地写了一下我父母的生平。

愿我父母的思想观念、精神道德,让他们的子孙后代永享无穷!